PATRICK BOLK

VEGAN, ABER GÜNSTIG

SPAR DIR DAS TIER

W0039948

VENTIL

Dieses Buch soll keine ärztlichen Empfehlungen ersetzen, widerrufen oder ihnen widersprechen. Die Informationen in diesem Buch sind allgemeiner Natur und werden ohne Garantie seitens des Verlags und des Autors angeboten. Diese übernehmen keine Haftung für eventuell auftretende Schäden und Fehler, die durch die Verwendung des Buches auftreten. In diesem Buch wurden nach Möglichkeit geschlechtsneutrale Formulierungen gewählt. Wo dies nicht möglich war, wurde aus Gründen der besseren Lesbarkeit die männliche Form verwendet. Unabhängig von der Formulierung sind selbstverständlich immer Frauen und Männer gemeint.

Bildnachweise: Fond: © Depositphotos.com/AnRobrook, S. 26, 34, 36, 37, 48: Patrick Bolk, S. 38: Res Aeschbacher, S. 40: Jonas Ingold, S. 51: Tobias Steinhoff, S. 55: © Depositphotos.com/Odelinde, S. 60: kosmetik-vegan.de, S. 134/135: Lea Green S. 144: Isabelle Grubert

1. Auflage 2015

© Ventil Verlag UG (haftungsbeschränkt) & Co. KG, Mainz 2015
Edition Kochen ohne Knochen
ISBN 978-3-95575-048-0

Lektorat: Joachim Hiller und Eva Siegmund
Cover- und Innengestaltung: Oliver Schmitt
Druck und Bindung: PCB Bartha GmbH

Ventil Verlag, Boppstr. 25, D-55118 Mainz
www.ventil-verlag.de

INHALT

EINFÜHRUNG

Matcha, weißes Mandelmus, Gojibeeren, Kale-Chips, Haselnuss-Kokos-Drink und viele weitere Produkte haben in den letzten Jahren die Regale von Bioläden, Reformhäusern und veganen Supermärkten im Sturm erobert. Und das ist zunächst eine gute Nachricht, denn all diese Produkte sind tatsächlich lecker und in der Regel auch gesund. Gleichzeitig aber sind sie auch relativ teuer und nicht jeder kann oder will sich solche Produkte leisten. Und nicht zuletzt stellt sich auch immer mal wieder die Frage, ob das neuste »Superfood« auf dem Tisch landen muss und ob »real food« nicht eigentlich sogar besser schmeckt als teure, vegane Ersatzprodukte.

Blättert man durch vegane Kochbücher oder stöbert auf veganen Rezepteblogs, findet man häufig ebenso exotische wie teure Zutaten in den Zutatenlisten, ohne die man als Veganer scheinbar nicht mehr auskommen kann. Und möchte man sich mal eine Tüte gesunder Grünkohlchips oder einen rohköstlichen Energieriegel gönnen, ist der Griff ins Portemonnaie ganz schön tief. Eine vegane glutenfreie Pizza für 10 Euro? 30 Gramm Kale-Chips für 4 Euro? Ein Kokos-Reis-Drink für 3,80 Euro? Ein Gläschen Mandelmus für 8 Euro? Das geht ins Geld!

Als der vegane Supermarkt »Veganz« 2011 seine erste Filiale in Berlin eröffnete, besuchte ein Zeitungsjournalist den Laden und berichtete anschließend in einem Artikel von unglaublich hochpreisigen Produkten, die er dort eingekauft hatte. Dabei hatte er sich zielsicher auf genau solche Produkte gestürzt, die tatsächlich ganz schön teuer sind, z. B. die oben erwähnte glutenfreie Tiefkühl-Pizza oder alkoholfreier Sekt. Solche Zeitungsartikel verstärken natürlich das weitverbreitete Vorurteil, eine vegane Ernährung sei ganz schön teuer. Sie erscheint so manchem als geradezu dekadenter Luxus, den man sich überhaupt erst mal leisten können müsse. Wenn dann auch noch in vielen Rezepten ein Profi-Mixer, ein Dörrgerät oder ein Entsafter vorausgesetzt wird, scheint es, als müsse man sogar schon im Vorfeld ziemlich viel Geld investieren. Ist eine vegane Ernährung also wirklich nur etwas für Menschen mit dem nötigen Kleingeld?

Nein, denn genau so wenig, wie man unbedingt einen Profimixer benötigt, ist man gezwungen, ständig Superfoods oder rohköstliches Nussmus in den Einkaufswagen zu legen. Für eine gesunde vegane Ernährung braucht man solche Produkte nicht, denn das Angebot an günstigen Lebensmitteln ist groß und vielfältig - egal ob beim Discounter, im Hofladen auf dem Land oder im Bioladen. Diese Lebensmittel liefern uns alle Nährstoffe, die wir brauchen, und sorgen für ausreichend Geschmack und Abwechslung auf dem Teller.

Keine Frage: Produkte wie weißes Mandelmus oder hochwertiger Matcha-Tee haben ihre Berechtigung und ihr hoher Preis hat in der Regel einen guten Grund - Bio- und Rohkost-Qualität, faire Herstellung, hochwertige Rohstoffe und der Zusatz »handgemacht« kosten berechtigterweise einfach deutlich mehr. Wer es

sich leisten kann, solche Produkte zu kaufen, muss kein schlechtes Gewissen haben oder sich dekadent fühlen. Kleine Firmen zu unterstützen, die auf eine faire Herstellung und tolle Bio-Zutaten Wert legen, ist wunderbar! Und doch haben längst nicht alle Menschen das Geld, dies zu tun - so gerne sie das vielleicht auch wollten. Für viele zählt jeder Euro, und da ist ein Glas Nussmus für 8 Euro einfach nicht drin.

Es gibt jedoch zum Glück eine Menge Möglichkeiten, beim Einkaufen und Kochen Geld zu sparen, und sich trotzdem gesund vegan zu ernähren. »Vegan, aber günstig« ist eine Sammlung von Tipps und Rezepten, die dabei helfen können, deinen Geldbeutel zu entlasten; vom Einkauf über DIY (»Do it yourself«) bis hin zum Kochen. Manche Konzepte sind noch recht neu, wie z. B. die »Essensretter« oder »CSA«, andere Tricks haben unsere Omas schon gekannt - aber wir haben sie längst vergessen oder einfach nie kennengelernt. Wenn man geschickt einkauft, effektiv und Geld sparend kocht und dann noch bereit ist, das eine oder andere selbst herzustellen, kann man tatsächlich eine Menge Geld sparen.

Das alles sollte jedoch nicht als Werbung für die »Geiz ist geil«-Mentalität verstanden werden. An der eigenen Ernährung zugunsten von Luxus in anderen Lebensbereichen zu sparen ist meiner persönlichen Meinung nach nicht der richtige Weg. In gute und gesunde Lebensmittel zu investieren, halte ich hingegen für die beste Art und Weise, Geld auszugeben. Lieber spare ich an anderen Dingen als an meiner Ernährung. Davon abgesehen ist eine intensivere Beschäftigung mit seiner eigenen Ernährung in jeder Hinsicht ein großer Gewinn.»Do it yourself« macht großen Spaß und bringt eine große Wertschätzung für Nahrung mit sich - eine Wertschätzung, die den meisten von uns längst abhanden gekommen ist.

Ein Blick in die Statistik verrät uns: Gerade einmal gut 10 % unseres Einkommens* geben wir Deutschen im Durchschnitt für Lebensmittel aus, während in Entwicklungsländern fast das gesamte zur Verfügung stehende Geld dafür drauf verwendet wird. Dabei sind Lebensmittel gerade in Deutschland ohnehin schon extrem günstig, und das hat seine (leider häufig wenig erfreulichen) Gründe. Die industrielle Massenproduktion geht unweigerlich zulasten von Qualität, Gesundheit und Umwelt. Wenn man im Discounter zu Billigprodukten

greift, sollte man sich bewusst sein: Der Preis hat seinen Preis. Wo es also geht, sollte man möglichst auf Bio-Qualität, faire Herstellung, Regionalität und Saisonalität achten. Mir ist allerdings auch klar, dass nicht jeder sich das leisten kann.

Meine wichtigste Botschaft lautet daher erst einmal: Überprüfe doch einmal, wie viel deines Budgets du für deine Nahrung ausgeben kannst und willst, und ob du nicht lieber an anderer Stelle sparen möchtest.

Aber zurück noch einmal zum Vorurteil, eine vegane Ernährung sei teurer als eine Ernährung mit tierischen Produkten. Es gibt dazu jede Menge Berechnungen und Übersichten, die das Vorurteil bestätigen, und wohl genauso viele, die es widerlegen. Ersetzt man alle tierischen Produkte auf einem Wochen-Speiseplan durch möglichst identische pflanzliche Pendants, so hat ein veganer Speiseplan preislich kaum eine Chance. Eine 300-Gramm-Packung Schweineschnitzel bekommt man beim Discounter für 1,99 Euro, während eine 175-Gramm-Packung Bio-Sojaschnitzel durchaus 3,50 Euro kosten kann. 1 Liter Kuhmilch kostet rund 50 Cent, der Liter Sojadrink mindestens das Doppelte, Bio-Mandeldrink sogar schnell das Sechsfache. Nun ist es aber reichlich unfair, subventioniertes

* http://de.sputniknews.com/infographiken/ 20150113/300565729.html

Fleisch aus konventioneller Massentierhaltung mit Soja- oder Lupinenprodukten in Bioqualität zu vergleichen. Oder Kuhmilch, für die Bauern extrem wenig Geld bekommen, mit hochwertigem Mandeldrink. Kuhmilch wird lediglich mit 7 % Mehrwertsteuer belastet, während bei Pflanzendrinks 19 % aufgeschlagen werden. Warum? Weil Kuhmilch als Grundnahrungsmittel gilt, Pflanzendrinks aber nicht. Ein wirklich ausgewogener Vergleich ist also schwierig bis unmöglich.

Es kommt hinsichtlich eines solchen Vergleiches am Ende nur darauf an, WIE und WAS man einkauft. Jemand, der häufig Fleisch und Milchprodukte aus ökologischer Tierhaltung kauft, dürfte sicherlich mehr ausgeben als ein Veganer, der auf sogenannte vegane Ersatzprodukte verzichtet, und stattdessen auf günstige Grundnahrungsmittel aus dem Bioladen setzt. Schaut man über die eigene Geldbörse hinaus, kommen uns die Schäden an Umwelt und Klima durch einen hohen Konsum an tierischen Produkten ohnehin teuer zu stehen. Bezahlen müssen wir hierfür alle als Gemeinschaft - egal, ob wir uns vegan ernähren oder nicht. Und bezahlen müssen natürlich auch Tiere, und die sogar mit ihrem Leben.

Es geht also nicht nur um den eigenen Geldbeutel, auch wenn dieses Buch in erster Linie helfen soll, diesen zu entlasten. Es ist keineswegs ein Widerspruch, günstig vegan zu leben und gleichzeitig Tiere und Umwelt zu schonen; beides ist möglich. Bis ich 30 Jahre alt wurde machte ich mir, offen gestanden, überhaupt keine Gedanken über all das. Weder dachte ich darüber nach, was mein Konsum für Tiere und Umwelt bedeutete, noch welche Auswirkungen meine damals extrem ungesunde Ernährung auf meinen Körper hatte. Warum frisch kochen, wenn Pizza, Döner oder Pommes mit Currywurst doch an jede Ecke so günstig zu bekommen sind? Inzwischen weiß ich, dass es eine Menge gute Gründe dafür gibt, sich in jeder Hinsicht *besser* zu ernähren. Ich hatte das große Glück, dass meine damalige Freundin mich dazu bewogen hatte, endlich umzudenken. Dafür bin ich ihr bis heute sehr dankbar!

Dieses Buch kann leider lediglich nur Auswahl der unzähligen Möglichkeiten zum Geldsparen aufzeigen, und nicht jede Technik oder jeder Tipp kann hier ausführlich vorgestellt werden - das würde den Rahmen sprengen. Ich hoffe aber, dass dir dieses Buch eine gute Anregung dazu sein kann, gesund vegan zu leben - auch mit schmalem Geldbeutel!

Viel Spaß beim Lesen!

Fangen wir mit der nächstliegenden Möglichkeit zum Geldsparen an: dem Einkauf. Die wenigsten Menschen können sich komplett mit selbst Angebautem versorgen, deswegen kommen wir üblicherweise nicht umhin, einzukaufen - egal ob im Supermarkt, beim Discounter, im Bioladen, im Reformhaus, im veganen Laden oder in Onlineshops. Wie kann man aber nun beim Einkauf Geld sparen? Zunächst ist natürlich entscheidend, WELCHE Produkte wir kaufen, was wirklich nötig ist und was wir uns sparen können. Können wir teure Produkte durch günstigere Alternativen problemlos ersetzen? Gibt es Hersteller, die ein ähnliches Produkt günstiger anbieten als andere? Und natürlich macht es auch einen Unterschied, WO diese Produkte gekauft werden. Discounter können ihr Warenangebot günstiger halten, weil sie einen geringeren Gewinn pro Produkt zugunsten eines größeren Warenumschlags in Kauf nehmen und gleichzeitig bei der Ladeneinrichtung und dem Personal sparen. Doch es gibt noch eine ganze Reihe weiterer Faktoren, die Lebensmittelpreise beeinflussen.

Zunächst aber ein paar Basic-Tipps zum Start, die dabei helfen, den Geldbeutel zu entlasten.

BASIC-TIPPS

1. Kaufe niemals hungrig ein

Wer mit knurrendem Magen durch einen Supermarkt streift, kauft mit hoher Wahrscheinlichkeit Produkte ein, die er nicht wirklich braucht. Hamsterkäufe sind dann nicht eben selten, weil uns nicht der Verstand, sondern das augenblickliche Hungergefühl leitet und verführt. Gerade Süßes landet dann schneller im Einkaufswagen, weil unser Körper nach schnell verfügbaren Energiequellen wie Einfachzucker giert. Hinzu kommt, dass uns leckere Gerüche (z. B. von der Backtheke) dazu verführen, länger im Supermarkt zu bleiben und mehr einzukaufen. Supermarkt-Betreiber haben so einige erfolgreiche Verführungstricks auf Lager. Besser also, du gehst gesättigt einkaufen, denn dann fällt es dir deutlich leichter, ganz rational einzuschätzen, was du wirklich brauchst, und du lässt dich nicht so leicht verführen.

2. Schreib dir eine Einkaufsliste

3. Stelle einen Essensplan für die Woche auf

Das klingt wieder banal und *old school*, und doch hilft es, wenn man sich VOR dem Gang ins Geschäft Gedanken darüber macht, was man wirklich braucht. Es gilt dann im Laden, die Liste abzuarbeiten und auf kürzestem Weg zur Kasse zu gelangen, ohne noch irgendeinen unnötigen Quatsch zu kaufen.

Einkaufslisten kann man natürlich ganz traditionell mit Zettel und Stift anlegen, doch wer es lieber digital mag, findet zahllose Smartphone-

Smartphone-Apps für Einkaufslisten

- **Bring!**
- **Wunderlist**
- **Buy me a pie!**
- **Any.do**
- **Clear**
- **Mein Budget**
- **Mein Haushaltsbuch**

Apps dafür. Bei manchen Apps kann man sogar die Einkaufliste verschicken oder mit dem Partner eine Liste gemeinsam anlegen und bearbeiten.

Für die Woche vorzuplanen, ist zwar mit ein wenig Arbeit verbunden, aber die Mühe kann sich durchaus lohnen, denn gut geplant ist halb gespart. Man sollte bei der Erstellung des Plans vor allem auch darauf achten, dass man bestimmte Lebensmittel gleich mehrfach verwenden kann. So könnte man am Montag gleich ein paar Kartoffeln mehr fürs Abendessen kochen und mit diesen am Dienstag einen schnellen Kartoffelsalat zubereiten. Es kann sich dann lohnen, gleich größere und damit häufig günstigere Packungen zu kaufen.

Außerdem verringert man die Gefahr, dass Lebensmittel schlecht werden, wenn man gezielt nur das einkauft, was man die Woche über verbraucht. So landet am Ende weniger Essen im Müll.

Auf Grundlage eines Wochenplanes kannst du dir ganz wunderbar eine Einkaufsliste schreiben und musst dann vielleicht auch nur einen Großeinkauf pro Woche machen. Das spart nicht nur häufig Geld, sondern vor allem auch Zeit!

Eine Ausnahme bildet hier allerdings frisches Gemüse, allem voran Salate. Diese sollte man nicht länger

WOCHENPLAN

	morgens	mittags	abends
Mo			
Di			
Mi			
Do			
Fr			
Sa			
So			

als 2-3 Tage lagern, wenn man Wert auf die maximale Vitamindröhnung legt. Meine persönliche Einkaufs-Strategie lautet daher: ein Großeinkauf die Woche mit allen Produkten, die lange halten, und dann noch ein oder zweimal pro Woche frisches Gemüse dazu kaufen.

4. Teil dir ein Budget ein

Rechne aus, wie viel Geld dir monatlich für Lebensmittel zur Verfügung steht, und teil dir dieses Budget in Wochenportionen ein. Auch hier können Excel-Tabellen oder Smartphone-Apps helfen, den Überblick zu bewahren. Ist der Monat schneller aufgebraucht als dein Budget, darfst du dich ruhigen Gewissens mit einem Essen in einem guten veganen Restaurant belohnen.

5. Markenprodukte vs. Eigenmarken

Unsere Supermärkte sind prall gefüllt mit Waren, und so gibt es fast jedes Produkt in diversen Varianten von verschiedenen Herstellern. Die Platzierung der Waren innerhalb der Regale ist natürlich kein Zufall: Teurere Produkte mit höheren Gewinnmargen werden auf Augenhöhe platziert, während die günstigeren weiter unten zu

Welche Markenprodukte stecken hinter welchen No Names? (Beispiele)

Düsseldorfer Scharfer Senf
> Löwensenf

Neapolitiner Waffeln von Favorini
> Manner Waffeln

Trader Joe's Cashew
> Ültje Cashewkerne

Goldähren Zwieback
> Brandt Zwieback

Lord Nelson Earl Grey Tee
> Messmer Earl Grey

King's Crown Junge Erbsen
> Bonduelle Gartenerbsen

Karlskrone Bier
> Öttinger Brauerei

Parboiled Reis von Aldi
> Müller's Mühle Langkornreis

Rio d'Oro Orangensaft
> Valensina

Selber recherchieren:

www.wer-zu-wem.de/handelsmarken

www.diesparratgeber.de/sparmagazin/sparen-ratgeber/No_Name_und_Eigenmarken_32

Anmerkung: Änderungen können sich natürlich jederzeit ergeben!

finden sind - sogenannte *Bückware*. Ein wenig Bewegung hält also nicht nur fit, sondern kann auch Geld sparen. Oft findet man bei der Bückware günstige Eigenmarken oder »No name«-Produkte (z. B. »Ja!« oder »Gut & Günstig«), hinter denen sich meistens bekannte Hersteller verbergen. Natürlich würden Markenhersteller am liebsten ausschließlich ihre Markenprodukte verkaufen, da diese den größten Gewinn bringen. Doch viele Verbraucher können oder wollen sich diese nicht leisten. Und so kann es für die Hersteller immer noch profitabel sein, die eigenen Produkte unter einem anderen Namen mit geringerer Gewinnspanne zu verkaufen, u. a., weil so die eigenen Produktionsmaschinen noch effektiver genutzt werden können, zum Beispiel über Nacht. Man kann sogar im Internet ermitteln, welcher Hersteller hinter den No-Name-Produkte steckt.

6. Angebote nutzen

Auch das mutet etwas altmodisch an, aber wer sich die Angebotsprospekte des Einzelhandels vorknöpft, kann Geld sparen. Je nach Haltbarkeit der Produkte lohnen sich Hamsterkäufe, gerade wenn es sich um Lebensmittel-Basics wie Hülsenfrüchte oder Getreide handelt. Wer keine Lust hat,

jede Woche eine Runde durch die Stadt zu drehen, um Prospekte einzusammeln, kann noch viel einfacher speziell dafür erstellte Internetseiten nutzen. Zudem findet man bisweilen Coupons im Internet oder auf Verpackungen von Produkten, mit denen man Rabatte auf Artikel bekommt, häufig ebenfalls auf einen bestimmten Zeitraum limitiert. Und wer kein Problem damit hat, seine Einkaufsgewohnheiten protokollieren zu lassen, kann natürlich auch Kundenkarten oder Rabattkarten wie Payback nutzen. Auch Onlineshops bieten jede Menge Aktionsangebote, daher lohnt es sich auch hier, regelmäßig vorbeizuschauen oder - falls vorhanden - den Newsletter zu abonnieren.

7. MHD-Ware

Viel Geld kann man mit sogenannter MHD-Ware sparen, die teilweise drastisch reduziert wird. MHD steht für »Mindesthaltbarkeits-Datum«, und das ist nicht mit dem »Verbrauchsdatum« (VD) zu verwechseln. Letzteres zeigt tatsächlich den Zeitpunkt an, ab dem Lebensmittel nicht mehr verzehrt werden sollten - und auch nicht mehr verkauft werden dürfen. Das MHD aber besagt lediglich, dass ein Lebensmittel MINDESTENS bis zum aufgedruckten Datum bedenkenlos verzehrt werden kann. Für die Festlegung des MHD gibt es gewisse Vorgaben in der Lebensmittelkennzeichnungsverordnung. Sogar Mineralwasser muss ein MHD aufweisen, kann aber natürlich nach dessen Ablauf noch völlig

Angebote vergleichen übers Internet

- www.kaufda.de
- www.meinprospekt.de
- www.superpreis.de
- www.discounter-produkte.de

bedenkenlos getrunken werden. Allerdings heißt das nicht, dass man nun munter alle Lebensmittel noch Jahre nach MHD ungeprüft verzehren kann. Bei Lebensmitteln, die generelle eine kürzere Haltbarkeit haben, ist natürlich besonders genau hinzusehen, zu riechen und zu schmecken, um herauszufinden, ob sie noch verzehrbar sind. Glücklicherweise ist man bei einer veganen Ernährung deutlich besser vor verdorbenen Lebensmitteln geschützt. Leicht verderblich sind vor allem Fleisch sowie Produkte aus Milch und Eiern. Dort ist die Gefahr von Bakterien wie Salmonellen sehr viel größer.

Droht das MHD abzulaufen, wird die Ware in der Regel preislich reduziert, denn auch der Handel weiß, dass der Großteil der Konsumenten das MHD mit dem Verbrauchsdatum verwechselt, und viele kaufen eben grundsätzlich keine Produkte nach Ablauf des MHD. Das bedeutet gleichzeitig für besser aufgeklärte Verbraucher die Chance auf regelmäßige Schnäppchen. Bis zu 50 % Preisnachlass ist keine Seltenheit. Übrigens dürfen MHD-Produkte gesetzlich nach Ablauf durchaus noch verkauft werden, der Einzelhandel ist aber dazu verpflichtet, solche Ware darauf hin zu prüfen, ob der Verzehr noch unbedenklich ist.

8. Backwaren vom Vortag

Ist Brot oder Kuchen vom Vortag ungenießbar? Natürlich nicht! Verrückterweise präsentieren fast alle Bäckereien oder Backshops bis kurz vor Ladenschluss noch ein fast vollständiges Sortiment, sodass der Kunde möglichst die volle Auswahl hat. Direkt nach Ladenschluss wird dann aber jede Menge Ware einfach weggeworfen, weil die Backwaren am nächsten Morgen nicht mehr ganz so knackig-frisch daherkommen. Bis zu 20 % der Tagesproduktion der Bäckereien landet direkt im Müll, jährlich sind das in Deutschland etwa 500.000 Tonnen, eine unglaubliche Lebensmittelverschwendung - und wir sprechen hier nur von Backwaren! Einiges wird zum Glück nicht weggeworfen, sondern am nächsten Tag als »Reduziert, vom Vortag« angeboten. In vielen Bäckereien und Backshops kann man bereits in der letzten Stunde vor Ladenschluss reduzierte Ware kaufen.

9. Kurz vor Laden- oder Marktschluss

Nicht nur Backwaren, sondern auch Obst und Gemüse sind immer wieder kurz vor Ladenschluss deutlich reduziert erhältlich. Denn auch hier gilt: Nur die beste Ware soll den Kunden angeboten werden, ansonsten droht die Mülltonne. Man spart so also nicht nur Geld, sondern rettet auch noch Lebensmittel. Bei Bananen ist es fast schon paradox, denn diese werden gerne bereits dann reduziert angeboten, wenn sich die ersten braunen Punkte zeigen - ein Zeichen dafür, dass sie nun optimal reif sind! Ähnliches gilt übrigens für Wochenmärkte. Da viele Händler nicht täglich ihre Waren auf einem Markt anbieten, werden besonders Obst und Gemüse kurz vor Feierabend zu deutlich reduzierten Preisen angeboten. Es lohnt sich also, kurz vor Marktende zuzuschlagen.

10. Achtung, Mogelpackung!

Viele Produkte gibt es in unterschiedlichen Packungsgrößen. Hier sollte man genauer hinschauen, denn größer heißt nicht immer auch billiger. Hier helfen die Detailangaben auf den Preisschildern, die zusätzlich den Preis pro 100 Gramm oder pro Liter angeben (was laut Preisangabenverordnung verpflichtend für den Einzelhandel ist). Diese Angaben vereinfachen den Vergleich deutlich. Nicht selten ändern Hersteller die Verpackungsinhalte, und plötzlich gibt es dann weniger Inhalt, obwohl die Verpackung äußerlich gleich geblieben ist.

11. Original unverpackt

Bundesweit eröffnen inzwischen immer mehr Läden, die Waren ganz ohne Einweg-Verpackungen anbieten. Der Verzicht soll helfen, den weltweiten Verpackungsmüll zu reduzieren. Leider lassen einem viele Läden gar nicht erst die Chance, auf Verpackungen zu verzichten, selbst Obst und Gemüse sind häufig eingeschweißt. Doch es gibt Alternativen. Das müssen nicht gleich ganze Ladenkonzepte wie das von »Original Unverpackt« aus Berlin sein, doch immer häufiger findet man gerade in Bioläden oder im veganen Supermarkt Abfüllstationen, an denen man sich genau die Menge, die man benötigt, selber abfüllen kann, ganz egal ob Öl, Nüsse, Getreide oder Trockenfrüchte und viele weitere Produkte. Nicht immer sind die Waren in den Abfüllstationen günstiger als fertig abgepackte, ein schneller Vergleich kann sich lohnen. Ein klarer Vorteil liegt aber in jedem Fall darin, dass man wirklich nur die benötigte Menge einkaufen kann, gerade wenn es sich um Zutaten handelt, die man sehr selten benötigt. In solchen Läden kann man nicht nur Verpackungsmaterial, sondern eventuell auch Geld sparen, da die Läden günstigere Großgebinde einkaufen, und diesen Preisvorteil im besten Fall an ihre Kunden weitergeben. Bei Kosmetik- und Körperpflegeprodukten werden einem häufig günstigere Nachfüllpackungen angeboten.

12. Größere Mengen kaufen

In der Regel spart man tatsächlich beim Kauf größerer Verpackungseinheiten, oder wenn man ein ganzes Gebinde (z. B. 6 Gläser Kichererbsen) kauft. Viele vegane Onlineshops bieten solche Sparsets. Gerade bei Nüssen oder Trockenfrüchten können

sich größere Verpackungseinheiten lohnen, nicht zuletzt, weil trockene Ware sich sehr lange hält. Bei schneller verderblichen Produkten sollte man natürlich vorher gut überlegen, ob größere Einheiten Sinn machen. Die Hälfte wegzuwerfen ist nicht nur wenig nachhaltig, sondern am Ende auch teurer. Eine Lösung könnte eine Sammelbestellung mit der Familie, Freunden, der WG oder Kollegen sein - oder gleich die Mitgliedschaft in einer Food-Coop (dazu später mehr). Ansonsten kann man natürlich auch einen Teil der Bestellung gleich einfrieren, wenn das Gefrierfach groß genug ist.

13. Bar bezahlen und Jute-Beutel nicht vergessen

Wer bar bezahlt, statt EC- oder Kreditkarte zu nutzen, hat ein besseres Gefühl dafür, wie viel Geld er ausgibt. Ansonsten droht irgendwann der Kontostand-Schock. Es kann auch sinnvoll sein, das gesamte für Lebensmittel vorgesehene Monats-Budget in eine Haushaltskasse zu packen und wirklich nur dieses Geld zum Einkaufen zu benutzen. Nicht vergessen sollte man seine eigenen Taschen oder Tüten, denn auch Plastiktüten kosten Geld und sind nicht umweltfreundlich.

14. Nichts kaufen, nur weil es günstig ist

Es ist verlockend, wenn man ein richtiges Schnäppchen machen kann, aber es ist nicht immer sinnvoll! Frag dich auf jeden Fall, ob du das Produkt WIRKLICH benötigst, egal wie günstig es ist.

15. Listen helfen

Ebenfalls hilfreich ist es, sich aufzuschreiben, wo welche Produkte besonders günstig zu bekommen sind. Nüsse sind vielleicht im Drogeriemarkt günstiger als im Bioladen, Trockenfrüchte wiederum gibt es im Onlineshop XY immer preiswert usw. Leg dir einfach eine Tabelle mit Produktnamen, Preis und Bezugsquelle an. So kannst du deinen nächsten Einkauf noch besser planen, gerade wenn du nur hin und wieder online bestellst.

16. Vorher Vorräte checken

Gerade wenn du häufiger Hamsterkäufe machst, lohnt es sich vor dem Einkauf kurz mal Inventur zu machen. Ich habe schon häufiger beispielsweise ein paar Dosen Kichererbsen gekauft, um zuhause angekommen

Schnellübersicht Basic-Tipps

1. Kaufe niemals hungrig ein
2. Schreib dir eine Einkaufsliste
3. Stelle einen Essensplan für die Woche auf
4. Teil dir ein Budget ein
5. Markenprodukte vs. Eigenmarken
6. Angebote nutzen
7. Auf MHD-Ware achten
8. Backwaren vom Vortag
9. Kurz vor Laden- oder Marktschluss einkaufen
10. Achtung, Mogelpackungen
11. Original unverpackt
12. Größere Mengen kaufen
13. Bar bezahlen und Jute-Beutel nicht vergessen
14. Nichts kaufen, nur weil es günstig ist!
15. Listen helfen
16. Vorher Vorräte checken

festzustellen, dass ich noch drei hatte. Bei Konserven ist das natürlich kein Problem, aber bei leicht verderblichen Lebensmitteln kann es zu einem werden. Du kannst dir natürlich einfach eine Art Inventurliste an die Vorratsschranktür hängen, oder eine Vorrats-App für dein Handy benutzen, um solche unnötigen Käufe zu verhindern.

WELCHE VEGANEN PRODUKTE SIND TEUER – UND WELCHE NICHT?

Es gibt teure vegane Produkte – und günstige. Doch der Preis hat meistens nur wenig damit zu tun, ob das jeweilige Produkt vegan ist oder nicht. Sondern er hängt viel mehr von anderen Faktoren ab, wie zum Beispiel:

- Qualität der eingesetzten Rohstoffe
- Bio oder konventionell?
- Faire Herstellung oder billig produziert?
- Saisonalität
- Regionalität
- Rohkost-Qualität
- In kleinen Mengen handgemacht oder industrielle Massenproduktion?
- Unverarbeitet oder stark verarbeitet?
- Großes Unternehmen oder kleines Start-Up? etc.

Viele Menschen denken fälschlicherweise, dass man als Veganer unglaublich teure (Ersatz-)Produkte kaufen muss. Aber stimmt das auch wirklich? Nein, denn es gibt ein riesiges Angebot an günstigen veganen Produkten, mit denen man abwechslungsreich, gesund und lecker kochen kann.

Und noch besser: Der Großteil aller naturbelassenen Lebensmittel ist ja sowieso vegan, egal ob Gemüse, Obst, Nüsse, Getreide oder Hülsenfrüchte.

Vergleicht man dann tierische Produkte mit veganen Ersatzprodukten (welche tierische Produkte möglichst genau nachahmen), beispielsweise ein Schweineschnitzel mit einem Sojaschnitzel usw., scheint eine vegane Ernährung, wie oben bereits beschrieben, tatsächlich teuer zu sein. Wenn man nicht zwischen Bio-Qualität und konventioneller Produktion unterscheidet, sind die Preisunterschiede besonders gravierend, und der Vergleich gerät noch weiter in Schieflage.

Der vegane Supermarkt Veganz gibt an, dass über 80 % der Produkte im Sortiment Bio-Qualität aufweisen, vegane Produkte werden also besonders häufig nach Bio-Richtlinien produziert. Gerade die sogenannten Ersatzprodukte sind fast durchgängig Bio, und Bio-Qualität ist aus vielen guten Gründen teurer. Wenn man also schon ein tierisches Produkt mit seinem veganen Pendant vergleicht, müsste man diesen Aspekt also fairerweise auch mit berücksichtigen. Und dann sieht das so aus:

Preisvergleich tierische Produkte vs. Vegane Ersatzprodukte

Tierisches Produkt (konventionell)	Preis konventionelle Ware pro Kilogramm bzw. Liter	Preis für Bio-Ware pro Kilogramm bzw. Liter	Veganes Ersatzprodukt (alle Bio)	Preis pro Kilogramm bzw. Liter
Schnitzel	7,50 €	24,90 €	Sojaschnitzel	11,70 €
Gyros	5,60 €	24,90 €	Veggie Gyros	11,70 €
Hack (Schwein)	4,40 €	14,98 €	Veggie Hack	13,56 €
Geschnetzeltes	8,00 €	24,90 €	Veggie Geschnetzeltes	19,50 €
Schinken	6,00 €	18,40 €	Veggie Schinken	16,98 €
Lachsfilet	11,40 €	30,00 €	Veggie Lachsfilet	17,95 €
Fischstäbchen	3,30 €	7,31 €	Veggie Fischstäbchen	12,34 €
Rostbratwürstchen	6,67 €	16,80 €	Seitanwürstchen	15,30 €
Joghurt	0,90 €	2,38 €	Soja-Joghurt	3,32 €
Sahne	2,00 €	3,80 €	Soja-Sahne	5,00 €
Vollmilch	0,55 €	1,09 €	Sojadrink	1,00 €
Scheibenkäse	5,00 €	12,60 €	Veganer Scheibenkäse	16,00 €
Vanille-Pudding	2,50 €	6,47 €	Sojapudding	3,90 €

Die Preise sind natürlich nur eine Momentaufnahme, aber man sieht trotzdem schnell, dass vegane Ersatzprodukte in Bio-Qualität zumindest im Vergleich zu konventionellen tierischen Produkten in der Regel deutlich teurer sind. Vergleicht man Bio mit Bio, sind die Preis-Unterschiede schon nicht mehr so groß, wenn auch noch vorhanden - allerdings in beide Richtungen. Das (unfaire) Zwischenfazit könnte nun durchaus heißen: Vegan ist teuer (wenn man nur auf die konventionelle Spalte schaut)! Und dieser Eindruck verstärkt sich sogar noch weiter, wenn man sich die Preise von Produkten aus den Rohkost-, Superfoods- und Nussmusregalen anschaut:

Teure vegane Spezialprodukte

Produkt	Preis
Weißes Mandelmus	9,89 € für 250 g
Rohkost-Pizza-Cräcker	11,50 € für 200 g
Matcha-Premium Tee	27,50 € für 30 g
Rohkost-Schokolade Mandel	6,95 € für 80 g
Maca-Pulver	34,95 € für 300 g
Grünkohlchips	6,75 € für 50 g
Rohkost-Energieriegel	1,95 € für 47 g
Kelp-Nudeln	11,95 € für 340 g
Glutenfreie TK-Pizza	10,90 € pro Pizza

Man kann eine ganze Menge Geld im veganen Supermarkt lassen, keine Frage. Doch all diese (Luxus-)Produkte braucht niemand zwingend – egal ob man vegan lebt oder nicht! Wer ernährt sich schon tatsächlich hauptsächlich von Sojaschnitzeln, veganen Shrimps und aus den USA importierten glutenfreien TK-Pizzen oder eben ausschließlich von Superfoods? **Wer sich gesund und ausgewogen vegan ernährt, isst in erster Linie Gemüse, Obst, Getreide und Hülsenfrüchte in großen Mengen.**

Und diese Grundnahrungsmittel sind zumeist auch noch auch noch günstig, z. B. Kartoffeln, Nudeln, Hülsenfrüchte, Getreide, Mehl usw. Mit solchen und weiteren Produkten kann man eine Menge machen. Besonders »Sättigungsbeilagen« wie Kartoffeln, Nudeln und Reis sind extrem günstig, aber auch frisches regionales Gemüse ist nicht teuer. Eine gesunde vegane Ernährung besteht nicht aus Astronautennahrung oder aufwändig produzierten Luxusprodukten. Sie ist tatsächlich simpel und gesünder als eine Ernährung mit einem hohen Anteil tierischer Produkte.

Zwischenfazit: Nicht jedes tierische Produkt, das man von seinem Speiseplan streicht, muss zwangsläufig 1:1 ersetzt werden. Genau solche Fehl-Annahmen führen zum Vorurteil, eine vegane Ernährung sei teuer, da Ersatzprodukte zumeist teurer sind als die tierischen »Originale«. Lass dich nicht durch solche Vorurteile und gefährliches Halbwissen verunsichern! Nur weil du durch deine Ernährung oder durch deine gesamte Lebensweise kein Tierleid verursachen möchtest, musst du nicht tiefer in die Tasche greifen oder einen Nährstoffmangel erleiden. Eine gesunde und abwechslungsreiche vegane Ernährung kannst du dir ganz sicher leisten. Und ganz nebenbei: Auch omnivor lebende Menschen sollen sich laut Empfehlungen der Ernährungsinstitute in erster Linie von Obst, Gemüse, Hülsenfrüchten und Getreide ernähren - nicht von Fleisch, Eiern und Milch. Hast du schon mal einen Arzt oder Ernährungswissenschaftler erlebt, der die Reduzierung von Gemüse empfiehlt?

Die wichtigste Grundregel zum Sparen lautet: **Setze auf günstige Grundnahrungsmittel statt auf teure Ersatzprodukte!** Dann ist eine vegane Ernährung ganz sicher nicht teurer als eine Ernährungsweise mit tierischen Produkten, wahrscheinlich sogar günstiger. Wer das beherzigt, wird sich vielleicht dann auch mal hin und wieder ein Glas Mandelmus oder eine handgemachte rohköstliche Bio-Schokolade aus fairer Herstellung leisten können. Und dann ist es eben auch etwas Besonderes und schmeckt gleich doppelt so gut.

Bio vs. konventionell

Wie wichtig ist es denn überhaupt, Bioprodukte zu kaufen? Ist Bio gesünder? Schmeckt Bio besser? Sind Bioprodukte nicht viel teurer? Und überhaupt zumeist sowieso nur Verbrauchertäuschung? Solche Fragen stellt sich vermutlich jeder irgendwann. Ich persönlich kaufe fast ausschließlich Bioprodukte - aus folgenden Gründen:

- Bioprodukte dürfen keine künstlichen Zusatzstoffe enthalten und sind gentechnikfrei.
- Der Biolandbau verzichtet so weit wie möglich auf Chemikalien jeglicher Art, erhöht die Bio-Diversität und schützt damit Trinkwasser, Tiere und Umwelt.
- Bio-Lebensmittel sind die am strengsten kontrollierten Lebensmittel in Deutschland.
- Bio-Lebensmittel sind deutlich weniger mit Rückständen aus Kunstdüngern und Pflanzenschutzmitteln belastet.

Was den Gesundheitsvorteil von Bioprodukten gegenüber konventionellen Produkten angeht, gibt es eine ganze Reihe Studien mit natürlich höchst unterschiedlichen Ergebnissen (natürlich je nach Interessenlage und Auftraggeber der Studie), sodass der Kauf von Bio-Lebensmitteln am Ende vielleicht auch ein wenig »Glaubenssache« ist. Ganz sicher aber ist die Herstellung von Bio-Lebensmitteln nachhaltiger als die von konventionellen. Bio ist übrigens auch nicht gleich Bio: Es gibt große Unterschiede zwischen kleinen Familienbetrieben, die einem Bio-Verband wie Naturland, Demeter oder Bioland angeschlossen sind, und solchen Großbetrieben, die lediglich nach EU-Bio-Verordnung produzieren. Bei Letzteren sind die Auflagen deutlich geringer (und damit weniger umwelt- und tierfreundlich). Trotzdem sind auch Produkte, die »nur« das EU-Bio-Siegel tragen, nachhaltiger und vermutlich auch gesünder als konventionell produzierte.

Übrigens: Tragen Lebensmittel das Demeter-Bio-Siegel, so besteht leider eine recht große Wahrscheinlichkeit, dass diese nicht vegan sind, denn die Demeter-Verordnung sieht nicht nur ganz alternativlos die Tierhaltung und -nutzung vor, sondern auch die Nutzung des tierischen Mists zu Düngerzwecken. Einen guten Überblick über die bestehenden Bio-Verbände in Deutschland sowie ihre unterschiedlichen Anforderungen an die angeschlossenen Betriebe bekommst du hier: de.wikipedia.org/wiki/Bio-Siegel.

Ob man sich für Bio oder konventionell entscheidet, hängt natürlich nicht nur mit den persönlichen Werten, sondern auch mit dem Einkaufsbudget zusammen, denn Bio-Lebensmittel sind in der Regel teurer als konventionelle - aus guten Gründen. **Die größten Preisunterschiede sind** **allerdings bei Fleisch und tierischen Produkten zu finden, während bei vielen Grundnahrungsmitteln die Preisschere etwas weniger weit auseinandergeht.** Es lohnt sich trotzdem, regelmäßig im Bioladen vorbeizuschauen, denn auch hier gibt es Angebote und viele reduzierte Produkte, die dann sogar günstiger sein können als manches konventionelle Produkt. Meiner Erfahrung nach sind die Lebensmittel in den meisten Bioläden im Übrigen auch günstiger als die in den Bio-Abteilungen großer Supermärkte.

Bei welchen Produkten sollte man aus gesundheitlicher Sicht am ehesten auf Bio-Qualität achten? Grundsätzlich besonders bei allen, die man komplett und mit Schale isst - vor allem also bei Obst und Gemüse. Die »Environmental Working Group« erstellt jedes Jahr eine Liste der Lebensmittel mit der höchsten Pestizidbelastung. Besonders belastet sind Äpfel, Sellerie, Paprika, Pfirsiche, Erdbeeren, Nektarinen, Trauben, Spinat, Salat, Gurken, Heidelbeeren, Kartoffeln, grüne Bohnen, Grünkohl und grünes Blattgemüse. Weniger belastet, und damit auch in der konventionellen Variante mit ruhigerem Gewissen kaufbar sind: Zwiebeln, Zuckermais, Ananas, Weißkraut, Avocados, Erbsen, Spargel,

Mangos, Auberginen, Kiwis, Butter- und Wassermelonen, Süßkartoffeln, Grapefruits und Pilze.*

Übrigens: Von Verbrauchertäuschung kann man bei Bio-Lebensmitteln nicht sprechen. Natürlich gibt es hier auch schwarze Schafe und gelegentliche Skandale, aber im Vergleich zur konventionellen Lebensmittel-Branche weniger häufig, nicht zuletzt, weil Bio-Betriebe regelmäßig kontrolliert werden.

Es lohnt sich aus meiner Sicht grundsätzlich immer, Bio-Lebensmittel zu kaufen, denn Bio-Landbau ist nachhaltiger als konventioneller Landbau. Steht einem aber wenig Geld zur Verfügung, sollte man zumindest bei den oben genannten stark belasteten Lebensmitteln möglichst nur Bioprodukte kaufen.

Ist saisonal und regional günstiger?

Einen sehr großen Einfluss auf den Preis hat zusätzlich häufig, ob das jeweilige Gemüse oder Obst gerade Saison hat oder nicht. **Es lohnt sich auf jeden Fall, einen Saisonkalender zurate zu ziehen** (s. Seite 24/25), denn

* de.lifestyle.yahoo.com/blogs/essen-trinken/bei-diesen-lebensmitteln-macht-bio-wirklich-sinn-145958165.html
www.manusarona.de/das-schmutzige-dutzend-2015-the-dirty-dozen

heimisches Gemüse ist günstiger und leckerer, wenn es gerade Saison hat. Wem die Aspekte »saisonal« und »regional« sehr wichtig sind, der muss sich natürlich auch ein wenig einschränken, denn es gibt dann nicht alles zur jeder Zeit, manches sogar nur wenige Wochen oder Monate im Jahr. Dafür freut man sich umso mehr, wenn das Lieblingsgemüse Saison hat! Heimisch und saisonal ist aber zugegebenermaßen nicht automatisch auch immer am günstigsten. Lebensmittel aus Übersee sind bisweilen trotz des weiten Transportes günstiger, selbst Flugobst. Dafür hat dieses in der Regel die schlechtere Klimabilanz, doch manchmal täuscht sogar diese Annahme. Ein häufiges zitiertes Beispiel ist der Vergleich des ökologischen Fußabdruckes von heimischen Äpfeln, die über Monate im Kühlhaus gelagert wurden, und solchen, die per Schiff aus Neuseeland importiert wurden. Letztere können durchaus insgesamt weniger CO_2-Emissionen verursachen als Erstgenannte.

Unbestritten ist aber, dass heimisches Obst und Gemüse günstiger ist, wenn es gerade Saison hat. Was den regionalen Aspekt angeht, so ist es ja auch gar nicht so schlecht, wenn man die Landwirte im Umland unterstützt. Wobei »regional« durchaus großzügig ausgelegt wird: In meinem

Saisonkalender Gemüse	Januar	Februar	März	April	Mai	Juni	Juli	August	September	Oktober	November	Dezember
Aubergine							×	×	×	×		
Blumenkohl					×	×	×	×	×	×		
Bohnen, dicke							×	×	×	×		
Bohnen, grüne						×	×	×				
Brokkoli						×	×	×	×	×		
Champignons	×	×	×	×	×	×	×	×	×	×	×	×
Erbsen						×	×	×				
Fenchel						×	×	×	×	×	×	
Frühlingszwiebeln					×	×	×	×	×	×		
Grünkohl	×	×									×	×
Kartoffeln						×	×	×	×	×		
Kohlrabi					×	×	×	×	×	×		
Kürbis								×	×	×	×	
Lauch/Porree	×	×	×	×	×	×	×	×	×	×	×	×
Mais								×	×	×		
Mangold					×	×	×	×	×	×		
Möhren						×	×	×	×	×		
Paprika							×	×	×	×		
Pastinaken	×	×	×						×	×	×	×
Radieschen					×	×	×	×	×	×		
Rosenkohl	×	×	×							×	×	×
Rote Bete							×	×	×	×	×	
Rotkohl						×	×	×	×	×	×	
Spargel				×	×	×						
Spinat				×	×	×				×	×	×
Spitzkohl					×	×						
Staudensellerie							×	×	×	×		
Steckrüben									×	×	×	×
Tomaten							×	×	×	×		
Topinambur	×	×	×							×	×	×
Weißkohl						×	×	×	×	×	×	
Wirsing	×	×			×	×	×	×	×	×	×	×
Zucchini						×	×	×	×	×		
Zuckerschoten						×	×	×				
Zwiebeln							×	×	×	×		

Saisonkalender Salat	Januar	Februar	März	April	Mai	Juni	Juli	August	September	Oktober	November	Dezember
Batavia					×	×	×	×	×			
Chicorèe	×	×	×	×						×	×	×
Eichblatt					×	×	×	×	×	×		
Eisberg					×	×	×	×	×			
Endiviensalat					×	×	×	×	×	×	×	×
Feldsalat	×	×	×	×						×	×	×
Kopfsalat					×	×	×	×	×	×		
Lollo Rosso					×	×	×	×	×	×		
Portulak	×	×	×	×			×	×	×	×	×	×
Radicchio								×	×	×	×	
Rucola				×	×	×	×	×	×			

Saisonkalender Obst	Januar	Februar	März	April	Mai	Juni	Juli	August	September	Oktober	November	Dezember
Apfel								×	×	×	×	
Aprikose							×	×				
Birne								×	×	×		
Blaubeeren						×	×	×	×			
Brombeeren							×	×	×			
Erdbeeren					×	×	×					
Himbeeren						×	×	×				
Holunder									×	×		
Johannisbeeren						×	×	×				
Kirschen						×	×	×				
Mirabellen							×	×	×			
Pflaumen							×	×	×			
Quitten									×	×	×	
Rhabarber				×	×	×						
Stachelbeeren						×	×	×				
Wassermelonen								×	×			
Weintrauben									×	×		
Zwetschgen							×	×	×	×		

Quelle: www.regional-saisonal.de, eigene Darstellung

Stamm-Bioladen in Berlin ist viel Regionales aus Polen. Aber das ist immer noch ökologisch sinnvoller, als die Lebensmittel aus den Gewächshäusern Südspaniens per LKW zu uns zu transportieren. Wenn man also schon nicht unbedingt immer Geld durch den Kauf von saisonalen Lebensmitteln spart, so kauft man zumindest umweltbewusster ein.

Tiefkühlprodukte und Konserven

Eine gute und günstige Alternative zu frischem Obst und Gemüse sind Tiefkühlprodukte (TK) und Konserven.

In den Kühltruhen der Bioläden und Supermärkte findet man jede Menge Tiefgefrorenes, vor allem Obst und Gemüse oder auch Kräuter - alles oft auch in praktischen Mischungen (z. B. italienische Kräuter oder Gartenkräuter). Natürlich findet man dort auch Fertigprodukte wie Pizza (zunehmend häufiger auch vegane) oder Backwaren. **Der Vorteil bei TK-Produkten ist, dass der Vitamingehalt hier noch recht hoch ist,** denn das für die Tiefkühlabteilung bestimmte Obst oder Gemüse wird erntefrisch gereinigt, evtl. klein geschnitten, portioniert und möglichst schnell schockgefroren. Obst und Gemüse verlieren

nun einmal - in unterschiedlicher Geschwindigkeit - ihren Vitamingehalt. Das fängt bereits im Augenblick des Erntens an. Ein Blattsalat hat wenige Tage, nachdem man ihn aus dem Boden geholt hat, tatsächlich nur noch einen Bruchteil seiner Vitamine und Nährstoffe zu bieten. Andere Gemüsesorten sind da etwas ausdauernder, aber die TK-Version (falls vorhanden) muss sich vitamintechnisch in der Regel nicht hinter der frischen Verwandten verstecken. **Ein weiterer Vorteil von TK-Gemüse bzw. -obst ist, dass man dieses sehr gut portionieren kann,** egal ob Spinat oder Waldbeeren-Mischungen. Mindestens einen Nachteil gibt es aber auch: den höheren Energieverbrauch für das Schockfrieren, den Transport und die Lagerung, vom Erzeuger bis zum Verbraucher.

Bei Konserven geht der Konservierungsprozess etwas anders vonstatten, und hier ist die Vitaminbilanz nicht ganz so gut wie bei TK-Produkten. Das Gemüse wird gleich nach der Ernte durch Erhitzen auf 120 °C sterilisiert, um krankheitserregende Mikroorganismen abzutöten. Anschließend wird das Ganze luftdicht verschlossen. Durch das Erhitzen gehen mehr Vitamine verloren als bei der Schockfrostung. Für den Geldbeutel aber bieten Konserven trotzdem eine angenehme Entlastung und für den Speiseplan eine große Abwechslung, denn das Dosen- und Glas-Angebot ist riesig: Kichererbsen, Bohnen und Linsen, Tomaten, Mais, Rote Bete, Spargel, Erbsen und Möhren, Grünkohl, Sauerkraut, Rotkohl, Gewürzgurken und vieles mehr. **Konserven sind nicht nur zumeist sehr günstig, sondern halten sich ewig und sollten daher ganzjährig im Vorratsschrank zu finden sein.** Das bedeutet auch, dass man im besten Falle immer ein paar Grundlagen für ein Gericht zur Hand hat. Seinen Vorratsschrank und das Tiefkühlfach gut bestückt zu halten, zahlt sich letztlich aus, denn so verhindert man teure Spontankäufe oder Restaurantbesuche, weil man mal wieder nichts zu essen im Haus hat.

Kann man sich mit wenig Geld gesund ernähren?

»Vegan ernähren« heißt nicht automatisch auch »gesund ernähren«, das muss man ganz ehrlich feststellen. **Vegane Ersatz- und Fertigprodukte sind nicht nur verhältnismäßig teuer, sie sind oft auch alles andere als gesund** - ein weiterer Nachteil solcher Produkte. Vielleicht hast du schon mal den Ausdruck »Puddingveganer«

oder »Puddingvegetarier« gehört oder gelesen? Diese Ausdrücke bezeichnen Veganer bzw. Vegetarier, die sich von Fast Food, Fertigprodukten und stark verarbeiteten Lebensmitteln, von ungesunden Fetten, Weißmehl und Industriezucker ernähren. Pommes, Burger, Salami, Croissants, Pizza, Gummibärchen, Mayonnaise, Pudding, Chips, Eis oder Bolognesesoße – all das gibt es auch vegan, ist aber auch dann nicht gesund. Auf solche Produkte solltest du daher am besten verzichten.

Ob man sich gesund ernährt oder nicht, darf und soll natürlich jeder für sich selbst entscheiden. Vom Geldbeutel alleine hängt diese Entscheidung ganz sicher nicht ab. Gerade stark verarbeitete vegane Ersatzprodukte belasten diesen nämlich sehr viel stärker als der Gang in die Gemüseabteilung, wo jede Menge Nährstoffe »Kauf mich!« rufen, und deutlich günstiger zu haben sind als die vegane Version von Hähnchenschenkeln. Wichtig ist auf jeden Fall so viel Abwechslung wie möglich auf dem Teller, dann beschwert sich dein Arzt auch nicht über dein nächstes großes Blutbild. Man muss aber auch wirklich keine Wissenschaft aus dem Thema Ernährung machen: Wer darauf achtet, möglichst abwechslungsreich, frisch, unverarbeitet und vollwertig zu essen, sollte vor einem Nährstoffmangel gefeit sein. Für eine solche gesunde Ernährung brauchst du keine Luxusprodukte wie Superfoods - **alle Nährstoffe, die du benötigst, wirst du in deutlich günstigeren Lebensmitteln ebenso finden.** Die besten pflanzlichen Proteinquellen sind: Bohnen, Tofu, Nüsse, Tempeh, Kichererbsen, Brokkoli, Quinoa, Linsen, Kartoffeln, Hafer.

Sowohl Bohnen als auch Kichererbsen, Brokkoli, Linsen, Kartoffeln und Hafer sind allesamt sehr günstige Lebensmittel, auch Tofu ist nicht besonders teuer. **Deinen Proteinbedarf kannst du also gerade über**

Protein-Vergleich

	Linsen	Discounter-Steak
Portions-größe	200 g	200 g
Protein	46,8 g	44 g
Einfluss auf den CO_2-Fussabdruck	Gewinner von 20 analysierten Produkten	Vorletzter von 20 analysierten Produkten
Kosten	1 Euro	2 Euro
Fett	2,8 g	12,9 g
Gesättigte Fettsäuren	0,4 g	5,6 g

Quelle: PETA Deutschland

Gute vegane Proteinquellen

- Bohnen
- Tofu
- Nüsse
- Tempeh
- Kichererbsen
- Brokkoli
- Quinoa
- Linsen
- Kartoffeln
- Hafer

Gute vegane Kalziumquellen

- Mohn
- Sesam
- Mandeln
- Spinat
- Brennnessel
- Grünkohl
- getrocknete Feigen
- Frischer Tofu
- Petersilie
- Mineralwasser

Hülsenfrüchte als perfekte Protein-lieferanten völlig problemlos auch mit kleinem Geldbeutel decken. Einen Mangel musst du auf gar keinen Fall befürchten, fast alle pflanzlichen Lebensmittel enthalten Proteine. Da sieht so ein Steak plötzlich alt aus, wie dier Vergleich von PETA zeigt (siehe Tabelle).

Auch in Hinblick auf die Zufuhr von **Kohlenhydraten** muss man sich überhaupt keine Sorgen machen, zumindest nicht dergestalt, dass man bei einer veganen Ernährung zu wenige zu sich nimmt: Gemüse, Getreide, Hülsenfrüchte, Obst und Nüsse sind hervorragende Kohlenhydrat-Lieferanten. Bei Getreide empfiehlt es sich, auf Vollkornprodukte zu setzen. Diese sind zwar etwas teurer, enthalten aber dafür deutlich mehr Nährstoffe und machen damit auch schneller und länger satt.

Wer viele tierische Produkte und Fertigprodukte zu sich nimmt, läuft Gefahr, zu viel Fett und besonders zu viele schädliche Fettsäuren (schlimmstenfalls Transfettsäuren) zu sich zu nehmen. **Fett ist nicht gleich Fett, und Fett ist nicht per se schlecht.** Dein Körper braucht sogar unbedingt Fettsäuren, allerdings am besten die richtigen aus guten Quellen. Du solltest darauf achten, den Anteil an gesättigten Fettsäuren möglichst gering zu halten, dafür möglichst viele einfach und mehrfach ungesättigte Fettsäuren zu dir zu nehmen. Achte hier auch auf eine möglichst ausreichende Versorgung mit Omega-3- und Omega-6-Fettsäuren im richtigen Verhältnis. Leinsamen und Walnüsse sind gute Omega-3-Quellen. Was das Thema Fett angeht, so sehen viele Ernährungswissenschaftler eine vegane Ernährung sogar im Vorteil gegenüber einer solchen mit vielen tierischen Produkten, da Veganer (bei einer ausgewogenen veganen Ernährung) weniger gesättigte Fettsäuren und kein schlechtes Cholesterin zu sich nehmen.

Kalzium? Ein alter Hut für Profi-Veganer. Nicht die Milch macht's, sondern Sesampaste, Spinat, Grünkohl, Tofu, Brokkoli oder ganz einfach Mineralwasser. Ausreichend **Eisen** liefern dir Kürbiskerne, Sojaprodukte, Linsen, Kichererbsen, Spinat und andere pflanzliche Lebensmittel.

Auch alle anderen Vitamine, Mineralstoffe und sekundäre Pflanzenstoffe musst du dir nicht über die neuesten Trend-Superfoods zuführen, sondern bekommst du ganz einfach und günstig aus grünem Blattgemüse (das Superfood schlechthin), Hülsenfrüchten und vollwertigen Getreideprodukten. Dazu ein paar Sojaprodukte wie Tofu, Nüsse und Samen sowie gesunde Öle, und du brauchst weder deinen Arzt noch deine Bank

zu fürchten. Meine persönlichen Grundregeln für eine gesunde vegane Ernährung sind:

- Keine oder nur wenig Fertigprodukte und Ersatzprodukte
- Möglichst frisch und vollwertig statt verarbeitet
- Kein weißer Zucker, möglichst wenig Weißmehl
- Viel grünes Blattgemüse
- Abwechslung, Abwechslung, Abwechslung
- Möglichst Bio-Qualität kaufen

Ich laufe nicht ständig mit einer Nährstofftabelle durch die Gegend, ich achte einfach nur auf diese paar Grundsätze, und mein Blutbild sieht absolut top aus. Ich supplementiere lediglich Vitamin B12 über (günstige) Kautabletten und eine angereicherte Zahnpasta bzw. über angereicherte Lebensmittel.

> **Aber Superfoods haben doch besonders viele Nährstoffe!**

Keine Frage, Superfoods liegen im Trend: Matcha, Maca, Moringa, Lucuma, Weizengras, Gojibeeren und weitere Super-Lebensmittel sind plötzlich überall verfügbar, selbst im Drogeriemarkt. Die Hersteller preisen

Was unsere Heimat an Superfoods zu bieten hat

- **Kräuter und Wildkräuter** wie Borretsch, Brennnessel, Löwenzahn oder Bärlauch
- **Gewürze** wie Oregano, Salbei oder Thymian
- **Beeren,** z. B. Heidelbeeren, Preiselbeeren, Johannisbeeren, Erdbeeren
- **Obst** wie Äpfel und Birnen
- **Getreide** wie Dinkel oder Gerste
- **Gemüse** wie Grünkohl, Tomaten, Knoblauch, Brokkoli
- **Nüsse,** z. B. Walnüsse

die unglaubliche Nährstoffdichte und den damit verbundenen gesundheitlichen Vorteil ihrer Produkte an, und diese Argumente klingen zunächst einmal durchaus glaubhaft. Doch die Pülverchen, Kapseln und Trockenfrüchte sind gleichzeitig alles andere als günstig, und nicht jeder kann oder will sie sich leisten. Die gute Nachricht ist: **Viele Superfoods wachsen gleich vor unserer Haustüre und sind gar nicht teuer.**

Man muss zunächst einmal genauer hinterfragen, was genau denn Superfoods eigentlich sind. Das ist ganz einfach: Superfoods sind Lebensmittel mit einer besonders hohen Nährstoffdichte. Damit ist der Ausdruck »Superfoods« am Ende doch vor allem alter Wein in neuen Schläuchen und ein Marketingbegriff, denn diese Lebensmittel (oder eben »Superfoods«) sind ja nicht neu. Inzwischen kann man Superfoods aus den Anden wie Lucuma, Chia oder Maca auch bei uns kaufen, aber das heißt nicht, dass es bei uns nicht auch schon immer Superfoods gegeben hat, wie zum Beispiel Spinat, Tomaten, Aroniabeeren, Walnüsse, Löwenzahn, Hagebutte, Blaubeeren, Brunnenkresse oder Sanddorn - allesamt auch Superfoods, weil sie Nährstoffe in besonders hoher Dichte enthalten. Manche heimischen Superfoods bekommt man sogar völlig umsonst, weil man sie in der freien Natur pflücken oder sammeln kann. Man muss also gar nicht teure Superfoods aus weiter Ferne kaufen, sondern sich einfach mal ein wenig informieren, was unsere Heimat an Superfoods zu bieten hat (siehe Kastne auf S. 29)

Sieht man sich amerikanische Kochbücher an oder liest man Ernährungsratgeber, so wird besonders

Grünkohl immer wieder hochgelobt. Kein Wunder, denn sein Gehalt an Vitamin A, Vitamin C und Vitamin K, Folsäure, Kalzium, Kalium, Magnesium, Eisen und Omega-3-Fettsäuren ist außerordentlich hoch. Auch Tomaten sind echte Nährstoffbomben, nicht nur, was ihren extrem hohen

Vitamin C-Gehalt betrifft, um noch ein weiteres Beispiel zu nennen. Das könnte man natürlich an dieser Stelle beliebig lange fortführen, aber im Prinzip reicht die Erkenntnis, dass wir keine teuren Spezialprodukte und exotischen Superfoods benötigen, um unseren Nährstoffbedarf zu decken. Wir bekommen alles, was wir in brauchen, im Supermarkt um die Ecke. Wichtig ist für deinen Körper am Ende des Tages, dass er alle Nährstoffe in ausreichender Menge erhält. Deinen Nährstoffbedarf kannst du über die verschiedensten Lebensmittel decken, am optimalsten ist aber eine rein pflanzliche, vollwertige, frische und abwechslungsreiche Ernährung. Wer sich sehr einseitig hauptsächlich von (veganen) Ersatzprodukten und Fertiggerichten ernährt, schadet seiner Gesundheit auf lange Sicht mit sehr hoher Wahrscheinlichkeit durch diverse Nährstoffdefizite.

Abschließend sei noch einmal erwähnt, dass man exotische Superfoods keineswegs verteufeln muss. So einige haben auch den Weg in meinen Speiseplan gefunden. Ich möchte dich aber in Hinblick auf deinen Geldbeutel dazu ermuntern, auch mal zu schauen, welche Superfoods du direkt vor deiner Haustüre findest. Lass dich vor allem nicht vom momentanen Superfoods-Hype verunsichern.

WO KAUFEN VEGANER EIN?

»Veganer können natürlich nur im veganen Supermarkt einkaufen, und da ist alles irre teuer!« Oder? Ähm, nein. Wer sich vegan ernährt, kann natürlich überall einkaufen, egal ob beim Discounter, im Supermarkt, im Bioladen, im Reformhaus, im Asialaden, im veganen Supermarkt oder auf dem Wochenmarkt. Eben überall da, wo auch nicht vegan lebende Menschen einkaufen. Eine vegane Ernährung basiert ja, wie schon angeführt, gerade eben nicht in erster Linie auf Ersatzprodukten. Tatsächlich sollte dein Speiseplan von Gemüse, Obst, Hülsenfrüchten und Getreide dominiert werden, sowie (in geringeren Mengen) von Sojaprodukten, Nüssen, guten Ölen und Fetten sowie Salz. Fertigprodukte, Süßigkeiten und Alkohol findet man im Idealfall darauf möglichst selten oder gar nicht. Sämtliche zu erst angeführte Hauptnahrungsmittel bekommt man, wie ja schon mehrfach erwähnt, in jedem Discounter oder Supermarkt - kein Problem also, wenn man keinen veganen Supermarkt um die Ecke hat!

Internetsuche nach veganen Produkten bei Supermärkten und Discountern

- www.rezeptefuchs.de/vegane_produkte
- www.peta2.de/web/einkaufsguide.401.html
- www.nixwieveg.de
- www.supermarktcheck.de/vegane-lebensmittel/liste
- www.deutschlandistvegan.de/vegane-produkte-aus-dem-supermarkt

Supermärkte und Discounter

Keine Frage, der Lebensmittel-Einzelhandel hat die wachsende Gruppe der Veganer als Kundengruppe entdeckt. **Discounter und vor allem Supermärkte wie Rewe oder Edeka bieten ein immer größer werdendes Angebot an Produkten für eine vegane Ernährung an.** Dazu gehören Pflanzendrinks wie Reis-, Hafer- oder Mandeldrink, Tofuwürstchen, Gemüseburger, Sojajoghurt und -pudding, Smoothies und Säfte, vegane Aufstriche und Aufschnitte, fertige Salatsoßen, Sojagranulat, Seitanfix, Konserven mit veganen Fertiggerichten wie Suppen oder Eintöpfe. Einige Supermarktketten wie Rewe und Edeka bestücken inzwischen Regale mit veganen Produkten, dort findet man dann Ei-Ersatz, Kokosöl, Energieriegel, Gojibeeren, vegane Schokolade und viele andere Produkte. Seit Kurzem werben Supermärkte und Discounter sogar immer häufiger mit veganen Extraseiten in ihren Angebotsblättern. Vor wenigen Jahren wäre das völlig undenkbar gewesen! **Die Supermarkt-Kette tegut hat schon seit einigen Jahren veganen Lebensmitteln ein Extraregal eingeräumt,** und auf der Internetseite des Unternehmens kann man sich eine Liste mit allen veganen Produkten herunterladen. Sehr vorbildlich, aber die anderen Unternehmen ziehen ja zum Glück nach.

Eine weitere Anlaufstelle für den veganen Einkauf sind **Drogeriemärkte. Gerade dm und Rossmann haben ein breites Sortiment an veganen Produkten in Bioqualität:** Nüsse, Trockenfrüchte, Mehl, Nudeln, Pflanzendrinks, Tofu, Aufstriche, Gemüsekonserven, Soßen, Süßigkeiten, aber auch eine ganze Reihe von Convenienceprodukten wie Suppen oder gefüllte Tortellini findet man hier. Auch auf den Produkten der Eigenmarken dieser Drogeriemärkte findet man immer häufiger das Vegan-Label. Manche Filialen von dm haben sogar eine Kühltheke, die vegane Salami oder auch Falafelbällchen und weitere vegane Produkte bereithält. Nicht unerwähnt bleiben sollten natürlich auch **Reformhäuser**, die ein wirklich großes Angebot an rein pflanzlichen Lebensmitteln aufweisen.

Die größere Verfügbarkeit veganer Produkte im konventionellen Einzelhandel und die Eröffnung von veganen Supermärkten ist natürlich durchaus positiv zu betrachten, doch wer nur ein geringes Einkommen zur Verfügung hat, kann auch beim nächsten Discounter an der Ecke so ziemlich alles einkaufen, was er braucht. Natürlich in erster Linie frisches Obst und Gemüse, Gemüsekonserven, TK-Gemüse, eingelegtes Gemüse wie Sauerkraut und Gewürzgurken, TK-Obst, Kräuter, Getreideprodukte wie Brot und Nudeln, Polenta, Hirse, Milchreis, Hülsenfrüchte, Mehl, Zucker, Backzutaten, Margarine, Öl, Essig, pflanzliche Brotaufstriche, Haferflocken, Nüsse, Trockenobst, Sonnenblumen- und Kürbiskerne, Gewürze, Cornflakes, Kokosnussraspel, Zartbitterschokolade, Müsli, Sojasoße, Ketchup, Nudelsoßen und so einiges mehr.

Viele Produkte sind übrigens sozusagen »vegan by accident«, sprich: bestehen quasi ungewollt sowieso nur aus veganen Zutaten. Dazu gehören auch viele Süßwaren, Kuchen, Chips, Eis, süße Aufstriche und vieles mehr, darunter auch so einige sehr bekannte Produkte.

Wenn du im Internet nach dem Stichwort »Vegan im Supermarkt« suchst, wirst du schnell Listen finden oder sogar spezielle Seiten wie nixwieveg.de, eine Datenbank für vegane Produkte im Supermarkt und beim Discounter. Hier kannst du sogar nachschauen, was dein Discounter um die Ecke an veganen Produkten im Angebot hat. Sehr hilfreich bei der Suche ist auch der PETA-Einkaufsguide und die Internetdatenbank von Rezeptefuchs.

Asialäden und türkische Supermärkte

Für alle, die nicht viel Geld für den Einkauf zur Verfügung haben, sind Asialäden und türkische Supermärkte eine hervorragende Anlaufstelle. Asialäden bieten sehr viele vegane Produkte, die man in konventionellen Supermärkten nicht finden kann. Kein Wunder eigentlich, denn die asiatische Küche ist zu großen Teilen traditionellerweise vegetarisch oder gar vegan. Ungefähr 75 % der Menschen in asiatischen Ländern haben eine Laktoseintoleranz. Was übrigens nicht sehr erstaunlich ist, denn im Prinzip waren alle Menschen vor wenigen Tausenden Jahren laktoseintolerant. In Asien wurde aber nicht im gleichen Maße wie in der westlichen Welt versucht, diese Intoleranz zu »verlernen«, also den Körper an Milch und Milchprodukte zu gewöhnen. Sojaprodukte wie Tofu und Tempeh, Seitan oder auch Reis- und Kokosmilch sind schon seit jeher feste Bestandteile der asiatischen Küche. Logisch also, dass man solche Produkte im asiatischen Lebensmittelmarkt besonders gut und dazu auch noch günstig kaufen kann. Und auch kein Wunder, dass asiatische Restaurants in der Regel die besten Anlaufstellen für veganes Essen unter den

Die meisten Asialäden haben in der Regel eine Frischetheke, wo du eine ganze Reihe von Tofu-Sorten findest. In gut sortierten Asialäden bekommst du sogar manchmal mehrere Sorten Seidentofu (in den Varianten »fest«, »weniger fest« und »weich«) und auch Tempeh. Dazu eine Menge frischer Kräuter und Salate sowie Sprossen. Auch Gemüse findest du hier, etwa Süßkartoffeln, Kochbananen, Thai-Auberginen, Kokosnüsse, Ingwer, Knoblauch und Avocados. In der Tiefkühltruhe warten mit großer Wahrscheinlichkeit vegane Dumplings auf dich. Die Trockenabteilung bietet eine riesige Auswahl an Reis und Reisprodukten, die verschiedensten Nudelsorten (Reis-, Glas-, Udonnudeln

usw.), Algenprodukte, Hülsenfrüchte, Getreide, Gewürze, Soßen, Nüsse, Röstzwiebeln, Kokosmilch und Sojagranulat. Dazu Fleischersatzprodukte aus Seitan wie »Mock Duck« oder »Mock Chicken«, manchmal sogar vegane Shrimps. Zum Nachtisch kannst du unter einigen veganen Mochis (süß gefüllten Reiskugeln, z. B. mit Matcha) wählen. Auch die Getränkeabteilung bietet so einiges, u. a. auf Basis von Soja oder Kokosmilch.

Türkische Supermärkte sind besonders für Gemüse, Obst und Kräuter eine wunderbare Quelle, denn diese sind dort in der Regel ganz schön günstig. Besonders Kräuter wie Minze, Petersilie oder Basili-

kum gibt es hier in großen Bünden für nicht mehr als einen Euro. Auch Hülsenfrüchte, Sonnenblumenkerne, Fladenbrot, die berühmten Sesamringe (»Simits«) und einige weitere vegane Produkte kann man dort günstig erstehen. Allerdings stehen in den Regalen türkischer Supermärkte auch ziemlich viele tierische Produkte, denn in der türkischen Küche finden zwar einerseits viel Gemüse und Kräuter Verwendung, sie ist aber gleichzeitig auch insgesamt ganz schön fleischlastig.

Diese Produkte findest du u. a. im türkischen Supermarkt: Jede Menge günstiges Obst und Gemüse, Nüsse, Trockenfrüchte, Reis in großen

Packungen, Bulgur, Dattelsirup, Tahin (Sesampaste), Halva, Erdnussbutter, Oliven, jede Menge Eingelegtes wie z. B. Weißkohl, Hummus, Harissa, Ajvar (ein Gemüsemus), gefüllte Auberginen, Jalapeños, Okra in Tomatensoße, Riesendosen mit Hülsenfrüchten, geschälte Tomaten, Datteln, jede Menge Gewürze.

Weiterhin gibt es dort auch viele Produkte in großen Packungen, z. B. 5 KG Reis oder 2,5-KG-Dosen mit geschälten Tomaten. Hier kann man auch noch so einiges einsparen - frei nach dem Motto »Think big!«.

Wochenmärkte

Auf Wochenmärkten findet man ein riesiges Angebot an frischen Gemüse- und Obstsorten, an Kräutern und Gewürzen - vieles stammt aus der Region. Für dein Budget bedeutet der Einkauf auf dem Wochenmarkt nicht immer unbedingt eine Erleichterung, denn vergleicht man die dortigen Preise mit denen im Supermarkt oder Discounter, scheint sich der Gang auf den ersten Blick nicht zu lohnen. Doch es gibt die berühmten Ausnahmen.

Empfehlenswert ist in jedem Fall ein Besuch des Wochenmarkts kurz vor Schluss, weil dann die meisten Produkte deutlich günstiger zu haben sind. Informiere dich also über die Wochentage und Öffnungszeiten der Wochenmärkte in deiner Stadt und schau mal 30 Minuten vor Marktschluss, ob du nicht doch das eine oder andere Schnäppchen machen kannst, denn die Händler verkaufen das Gemüse natürlich lieber noch für kleines Geld, als es wegzuschmeißen. Stammkunden bekommen meist immer noch ein paar Sachen gratis obendrauf.

Biokisten

Keine wirkliche Ersparnis stellen in der Regel auch Gemüse- oder Biokisten dar, die man sich wöchentlich nach Hause liefern lassen kann. Das erstaunt zunächst, denn man sollte ja meinen, dass durch das Umgehen der Zwischenhändler (also der Großhändler und Supermärkte) die Preise hier niedriger wären. Tatsächlich aber kostet das ganze Prozedere, bis die Kiste beim Kunden landet, den Anbieter doch so einiges, vor allem das Marketing, das Packen der Kisten oder die Erstellung von passenden Rezepten, die man bei den meisten Biokisten dazubekommt.

Abgesehen vom Preis kann ein Biokisten-Abo außerdem den Nachteil haben, dass man es hin und wieder einfach nicht schafft, die angelieferten Lebensmittel vollständig zu verbrauchen, und wegwerfen kostet und tut wirklich weh. Überlege dir also gut, ob ein Biokisten-Abo für dich wirklich Sinn macht.

Food Assemblies

Eine interessante Alternative zu Biokisten sind sogenannte Food Assemblys, ein Konzept das sich hierzulande auch immer mehr durchsetzt. Eine Food Assembly ist ein loser Zusammenschluss von Produzenten, die in der Regel einmal wöchentlich die zuvor von den Kunden online bestellte Ware zu einem festen Standort bringen. Für den Käufer bedeutet dies, dass er aus einem Angebot von mehreren Herstellern (Bauern, Tofu-Produzenten etc.) online seinen Einkauf zusammenstellen kann, und diesen dann zu einer bestimmten Zeit an einem bestimmten Ort abholen kann. Die Händler haben nur die vorbestellte Ware dabei, müssen also auch nichts wegwerfen. Der Vorteil für den Käufer ist, dass er sich ganz gezielt das zusammenstellen kann, was er wirklich braucht.

Auch hier gilt aber leider: Günstiger

als im Supermarkt oder gar beim Discounter ist das nicht unbedingt. Dafür unterstützt man regionale Hersteller und Bauern.

Hofläden

Auch das Angebot in Hofläden ist in der Regel nicht unbedingt günstiger, denn auch hier kostet der Unterhalt des Ladens selbst natürlich Geld, und umgerechnet auf die einzelnen Produkte deutlich mehr als der Betrieb eines auf Kosteneffizienz bis in letzte Detail optimierten Discounters. Es lohnt sich aber trotzdem ein Blick, denn pauschalisieren kann man diese Feststellung auf keinen Fall. **Gerade wenn ein Bauernhof ohne großen Aufwand und professionellen Hofladen Kartoffeln und anderes Gemüse verkauft, dürften die Preise unter den Ladenpreisen liegen,** weil ja der Zwischenhandel tatsächlich ausgeschaltet wird.

Klingt soweit logisch, warum also ist das Gemüse in Hofläden oder beim Bauern direkt dann nicht IMMER günstiger? Das liegt daran, dass gerade Discounter viele Gemüsesorten aus den riesigen Gewächshäusern Südeuropas beziehen. Diese sind trotz

Transportkosten oft immer noch günstiger im Einkauf für den Handel als manch heimisches Gemüse. Und auch Hofläden kaufen häufig die gleiche Ware hinzu wie die Discounter, um ihr Warenangebot aufzustocken. Natürlich sollte auch nicht außer Acht gelassen werden, dass die Fahrt zu einem solchen Bauernhof gerade für Städter einen ziemlichen Zeitaufwand darstellen kann und Anfahrtskosten anfallen. Außerdem werden in den Hofläden auch sehr offensiv Fleisch und tierische Produkte angeboten, damit kommt nicht jeder klar.

Bitte nicht falsch verstehen: **Grundsätzlich sind Konzepte wie Wochenmärkte, Biokosten, Food Assemblies oder Hofläden unterstützenswert, und die Lebensmittel sind hier auch meiner Erfahrung nach zumeist frischer und besser als im Supermarkt.** Daher sollte man solchen Konzepten nach Möglichkeit auch eine Chance geben. Die eigenen Chancen, dabei auch Geld zu sparen, stehen allerdings leider eher schlecht.

Bioladen-Mitgliedschaft

Viele Biomärkte bieten Mitgliedschaften an. Das bedeutet nicht, dass du regelmäßig auf Vereinssitzungen aufzutauchen hast sondern nur, dass du einen festen Monatsbeitrag entrichten musst und in der Regel eine kleine Einlage, die du zurück bekommst, sobald du deine Mitgliedschaft beendest. Mit dieser Einlage bekommt der Bioladen einen größeren finanziellen Spielraum.

Solche und ähnliche Konzepte sind bundesweit zu finden, ich möchte an dieser Stelle das Konzept meines Bioladens, der LPG in Berlin, kurz als Beispiel nennen. Wer Mitglied wird, zahlt 50 Euro Einlage ein, die man bei Austritt zurückerhält. Monatlich kostet die Mitgliedschaft mich als Einzelperson 18 Euro, Familien zahlen 20 Euro. Wer nachweisen kann, dass sein Einkommen gering ist, muss nur 10 Euro monatlich an Mitgliedsgebühren überweisen.

Der Vorteil einer Mitgliedschaft wird beim Blick auf die Regaletiketten deutlich, denn hier sind immer zwei Preise aufgedruckt: der für Mitglieder und der für Nicht-Mitglieder. **Die Preise für Mitglieder liegen ca. 20 % unter den normalen Preisen. So kann sich eine Mitgliedschaft ganz schnell rechnen:** Kaufe ich für 200 Euro monatlich hier ein, spare ich ca. 40 Euro und zahle gerade mal 18 Euro an Mitgliedsgebühren. Informiere dich also mal in den Bioläden deiner Stadt, wo es ein Mitgliedssystem oder zumindest eine Rabattkarte gibt.

Food-Coops

Der Ausdruck »Food-Coop« wird aus dem englischen Ausdruck »food cooperative«, also Lebensmittelgemeinschaft abgeleitet. Das Konzept von Food-Coops ist, dass sich möglichst viele **Personen oder Haushalte zusammenschließen und gemeinsam größere Mengen an Lebensmitteln einkaufen.** So kann man einfacher Mindestbestellmengen beim Großhändler erreichen und dadurch günstigere Preise erzielen. Es kann sich für Hersteller bzw. Bauern sogar lohnen, die Bestellung zur Food-Coop zu liefern. So umgehen alle Mitglieder den Einzelhandel, der den größten Anteil am Produktpreis für sich beansprucht.

Food-Coops können ganz unterschiedlich funktionieren: als Bestell-Food-Coop, wo lediglich gemeinsam bestellt wird, oder als Lager-Food-Coop, die über Warenlager verfügt, und sogar als Food-Coop mit Mitgliederladen, in dem Angestellte alles koordinieren. Ansonsten wird die Arbeit, die in einer Food-Coop anfällt, in der Regel kollektiv und unentgeltlich geleistet bzw. verteilt. Food-Coops haben häufig nicht nur zum Ziel, günstiger einzukaufen, sondern versuchen auch z. B. den fairen Handel oder den Bio-Landbau zu unterstützen und regionale Produzenten zu fördern. Food-Coops sind also durchaus eine sehr gute Möglichkeit, günstiger einzukaufen, wenn man denn auch bereit ist, einen Teil der anfallenden Arbeit zu übernehmen. Informieren kannst du dich über das Prinzip auf der Internetseite www.foodcoops.de. Es gibt keine Food-Coop in deiner Nähe? Dann denke doch mal drüber nach, ob du nicht sogar selbst eine gründen möchtest.

Solidarische Landwirtschaft

Sehr interessant ist das Konzept der »Solidarischen Landwirtschaft«. International wird häufig die Bezeichnung »community-supported agriculture« (CSA) verwendet. Das Konzept ist simpel und genial: **»Ein Hof oder eine Gärtnerei versorgt eine Gruppe von Menschen in der näheren Umgebung mit Lebensmitteln. Im Gegenzug stellt die Gruppe die nötigen Mittel für die Lebensmittelerzeugung zur Verfügung. Alle Beteiligten teilen sich die Ernte und die Verantwortung.«** (von ernte-teilen.org).

In der Regel zahlt man einen monatlichen Beitrag und bindet sich für ein Jahr, damit der Produzent eine gewisse Planungssicherheit hat. Optional gibt es häufig die Möglichkeit, über Arbeitseinsätze (z. B. als Erntehelfer) den monatlichen Beitrag zu senken. Die Arbeit macht den meisten Leuten Spaß und man erfährt nebenbei auch so einiges über den Anbau bzw. die Herstellung der Lebensmittel.

Landwirte profitieren vom Konzept, weil sie nicht für den freien Markt mit schwankenden Preisen produzieren müssen, sondern für eine feste Zahl von Abnehmern, die mit ihren Beiträgen dem Landwirt eine Planungssicherheit ermöglichen und gleichzeitig eine gewisse finanzielle Sicherheit gewährleisten. Auf www.ernte-teilen.org/map findest du eine Übersichtskarte von entsprechenden Projekten, vielleicht gibt es ja auch eines in deiner Nähe. Wenn du mehr über das Konzept erfahren möchtest, lohnt ein Blick auf die Infoseite www.solidarische-landwirtschaft.org. Zu beachten ist allerdings, dass hinter solchen Projekten leider selten bio-vegane Höfe stecken.

Containern

Containern ist in Deutschland nicht legal, aber ich möchte es trotzdem erwähnen, weil es grundsätzlich eine sinnvolle Sache ist. Supermärkte werfen Unmengen an Lebensmitteln täglich weg, obwohl diese noch verzehrbar sind. Oft werden gleich ganze Gebinde weggeworfen, nur weil ein Obststück nicht mehr perfekt ist. Eine unglaubliche Verschwendung an Lebensmitteln! Die Container hinter den Supermärkten sind also oft voll mit noch haltbaren Lebensmitteln, die evtl. einen kleinen Schönheitsfehler haben. Inzwischen ist eine echte Bewegung aus konsumkritischen Menschen entstanden, die regelmäßig die Supermarkt-Container öffnen oder sich sogar ausschließlich von Container-Lebensmitteln ernähren. Das gefällt nicht allen Supermarkt-Betreibern, daher sind die Müll-Container nicht selten hinter hohen Zäunen zu finden: Das Betreten ist natürlich nicht erlaubt.

Online einkaufen

Die Zahl der veganen Onlineshops ist in den letzten Jahren deutlich angewachsen, neben Pionieren wie alles-vegetarisch.de bieten inzwischen viele weitere Onlineshops ein rein veganes Sortiment oder zumindest eine Kategorie mit veganen Produkten an. **Es lohnt sich, regelmäßig bei den Shops vorbeizusurfen, denn diese bieten immer wieder Angebote wie Ermäßigungen auf Neu-Produkte und Bestseller, Sparpacks oder Men-**

genrabatte. Besonders bei alles-vegetarisch.de und Veganic.de findet man kontinuierlich solche Angebote. Beachten sollte man allerdings die Versandkosten, die in der Regel erst ab einer Bestellsumme von 50 Euro

Vegane Onlineshops

- *www.fooodz.de*
- *www.smilefood.de*
- *www.purenature.de/vegan-shop*
- *www.veganic.de*
- *www.alles-vegetarisch.de*
- *www.radixversand.de*
- *www.korodrogerie.de*
- *www.peta.de/bezugsquellen*

erlassen werden. Eine Sammelbestellung mit Freunden kann helfen, die Mindestbestellmenge für den freien Versand zu erreichen.

Vegane Kosmetik & Körperpflege

Wer sich nicht nur vegan ernährt, sondern komplett vegan lebt, achtet auch in anderen Lebensbereichen darauf, dass Tiere in keiner Weise genutzt oder gar getötet werden. Das gilt für Kosmetik, Kleidung, Haushaltsreiniger und so einige andere Bereiche.

Besonders beim Kauf von Körperpflegeprodukten und Kosmetik muss man zusätzlich hinterfragen, ob das jeweilige Produkt an Tieren getestet wurde. Glücklicherweise gibt es diverse hilfreiche Labels und Logos, die auf vielen Produkten zu finden sind, und dafür bürgen, dass diese Produkte nicht an Tieren getestet wurden. **Das Angebot an veganen Kosmetik- und Körperpflegeprodukten ist jedenfalls in den letzten Jahren immens gewachsen.** Viele Produkte wurden von den Herstellern entsprechend angepasst, damit auch Veganer sie benutzen können.

Günstige vegane Kosmetik und vor allem Körperpflege gibt es u. a. bei dm. Deren Eigenmarken Alverde oder Ebelin sind inzwischen größtenteils vegan und tierversuchsfrei. Die Produktpackungen sind dann mit einem Vegan-Logo gekennzeichnet, und auf der dm-Homepage kann man den Produktdetails entnehmen, ob die Einzelprodukte vegan sind. **Ähnliches gilt für die Rossmann-Eigenmarke Alterra oder Terra Naturi bei Müller.** Die dm-Marke Alverde wird als Naturkosmetik gelabelt, was aber nicht gleichbedeutend mit Bio-Kosmetik ist, obschon viele Alverde-Produkte Bio-Qualität aufweisen. Die Vielzahl an Logos auf Kosmetikprodukten kann durchaus verwirrend sein. Logos

BDHI-Logo   NaTrue-Logo

Leaping Bunny   Veganblume

wie das **BDIH-Logo** für kontrollierte Naturkosmetik, oder das **NaTrue-Logo** zeigen nicht an, ob die Produkte vegan sind. Das **»Leaping Bunny«-Logo** steht zwar für tierversuchsfreie Kosmetik, kann aber auch für Produkte mit tierischen Inhaltsstoffen vergeben werden. Wer ganz sicher gehen möchte, kauft möglichst Produkte mit der **Veganblume** der Vegan Society, denn diese steht für tierversuchsfreie UND vegane Kosmetik. Möchtest du dich mit dem Thema vegane Kosmetik eingehender beschäftigen, findest du auf dem Infoportal www.vegane-kosmetik.de jede Menge Hintergrundinfos, Listen und Hinweise, welche Labels und Produkte bedenkenlos gekauft werden können. Hilfreich ist auch die »Cosmethics«-App, die es für iPhone und Android gibt.

Was man beim Kauf nicht außer Acht lassen sollte, ist natürlich die Zusammensetzung und Qualität der eingesetzten Rohstoffe, und hier gibt es riesige Unterschiede. Günstige vegane Körperpflegeprodukte und Kosmetika sind nicht ohne Grund so günstig, häufig enthalten die Produkte minderwertigere Rohstoffe, zum Beispiel billige Öle statt hochwertigem Olivenöl. Echte Naturkosmetik ist deutlich teurer als die Drogeriemarkt-Eigenmarken, und das hat seinen guten Grund: Hochwertige Rohstoffe, 100 % bio, 100 % vegane und faire Herstellung bzw. Herstellung in Deutschland - das alles kostet einfach mehr. Man sollte sich daher immer überlegen, ob man an solchen Produkten wirklich sparen möchte, oder ob man nicht besser auf ein paar Kosmetik- oder Körperpflegeprodukte verzichtet, die man gar nicht wirklich benötigt. In jedem Fall ist Naturkosmetik stets konventioneller Kosmetik vorzuziehen, denn Letztere enthält nicht nur häufig tierische Produkte, sondern besteht ausschließlich aus Chemie und anderen minderwertigen Zutaten, die man nicht an Haut und Haar lassen sollte.

Sehr beliebt in der veganen Szene sind die Produkte vom Unternehmen **»Wolkenseifen«**, die größtenteils vegan sind (man kann nach veganen

Hersteller veganer Reinigungsmittel

- **Almawin**
- **Klar**
- **Sodasan**
- **Sonnet**

Vorsicht: Nicht alle Produkte dieser Hersteller sind vegan!

Produkten auf der Internetseite www.wolkenseifen.de filtern lassen). Besonders beliebt sind hier die Deocremes, die sehr lange vorhalten, und damit auch recht günstig sind. Ebenfalls sehr beliebt, aber nur teilweise günstig sind die Produkte der Naturkosmetikkette Lush. Auch beim Discounter sind zum Teil vegane Körperpflegeprodukte zu finden. Achtung: Immer auf die Verpackung schauen, nicht alle Produkte dieser Eigenmarken sind vegan! **Datenbanken wie www.nixwieveg. de oder www.vegane-kosmetik.de zeigen, welche Kosmetikprodukte (aber auch Lebensmittel) beim Discounter oder im Drogeriemarkt vegan sind.**

Bei Reinigungsmitteln sollte man auch auf jeden Fall die Eigenmarken der Drogeriemärkte in Augenschein nehmen, hier gilt das gleiche wie für Körperpflegeprodukte: Viele sind vegan. Wenn man hier nicht ganz so stark auf das Geld achten muss, so empfehlen sich Marken wie Sonett, Ecover, AlmaWin, Frosch oder Klar. Noch günstiger ist aber »Do it yourself«, und das gilt für Kosmetik und Reinigungsmittel gleichermaßen. Dazu aber später mehr in Kapitel 3.

Kleidung

In Kleidung steckt sehr häufig Tierisches: Leder, Wolle, Seide oder Pelz, um mal die bekanntesten tierischen Kleidungskomponenten zu nennen. Ähnlich wie bei Kosmetik hängt der Preis veganer Kleidung immer auch davon ab, ob sie fair hergestellt wurde und ob die verwendeten Stoffe bio sind. Ist beides erfüllt, kann man davon ausgehen, dass ein Kleidungsstück dann zwangsläufig ein Vielfaches davon kosten muss, was Billigmode kostet. Das heißt aber keineswegs, dass sich billig kaufen lohnt, denn die Konsequenzen dieser billigen Herstellung sind für die beteiligten Menschen, Tiere und die Umwelt katastrophal. Wie kann man also überhaupt bei Kleidung sparen?

Hat man einen Ökomode-Laden in der Stadt, lohnt sich immer mal wieder ein Besuch, denn auch hier werden regelmäßig Kleidungsstücke im Preis heruntergesetzt, weil diese für neue Ware Platz machen müssen. Das gilt natürlich auch für Onlineshops. Besonders wenn man antizyklisch kauft, also z. B. Winterklamotten erst nach dem Winter, kann man hier einige Schnäppchen machen. Wer mit Second Hand-Kleidung kein Problem hat, der sollte auf jeden Fall in Secondhand-Läden und bei Plattformen wie Kleiderkreisel.de reinschauen - hier kann man Kleidung tauschen, verkaufen und für wenig Geld kaufen. Secondhand-Kleidung ist ja per se auch nachhaltiger als der Neukauf, selbst wenn sie ursprünglich aus dem normalen Handel stammt, weil sie weitergetragen statt weggeworfen wird. **Eine gute Anlaufstelle sind auch Klamottentauschpartys, die möglicherweise auch in deiner Stadt stattfinden.** Es findet keine statt? Organisiere doch selbst eine

Klamottentauschparty, vielleicht zusammen mit ein paar Freunden.

Der beste Spartipp bei Kleidung aber ist: Kaufe ganz bewusst nur das, was du wirklich brauchst. Kaufe Kleidung, die lange hält, trage sie auf. Dann kannst du auch auf Bio und Fair Trade achten. Überlege dir auch, ob wirklich jedes nicht-vegane Kleidungsstück in deinem Kleiderschrank gleich entsorgt werden muss, oder ob du es nicht doch besser aufträgst, denn mit Wegwerfen hilfst du niemanden. Ansonsten kann man natürlich auch Kleidung umfärben, kürzen oder gleich komplett verändern, wenn man gut mit der Nähmaschine umgehen kann.

Onlineshops für vegane Ökomode

- www.bleed-clothing.com
- www.greenality.de
- www.onlineshop.deargoods.com
- www.muso-koroni.com
- www.hansvurst.de

Es gibt also eine ganze Menge Möglichkeiten, beim Einkauf Geld zu sparen, und meistens ist es gar nicht so kompliziert. Aber das war noch lange nicht alles. Viele Produkte kann man viel günstiger selber herstellen, um seinen Geldbeutel deutlich zu entlasten.

DIY –
SELBST
iST
DER
VEGANER!

er will, kann viele Produkte selber herstellen, anstatt sie zu kaufen. Das spart nicht nur Geld, sondern macht auch noch richtig Spaß. Kräuter und Pilze sammeln, selber gärtnern oder einmachen - das alles war früher ganz üblich und liegt heute wieder so richtig im Trend. Zusätzlich gibt es ganze neue Konzepte wie Foodsharing und »Leihen statt kaufen«, die ebenfalls helfen, das Portemonnaie zu entlasten.

KRÄUTER UND PILZE SAMMELN

Erst mal eine Warnung vorab: Man sollte nicht einfach losziehen und wild alles abpflücken, was irgendwie essbar aussieht. Das kann im schlimmsten Falle mit einer Vergiftung und im Krankenhaus enden. **Du solltest unbedingt vorher einmal eine Kräuterwanderung und/oder eine organisierte Pilzsammlung mitgemacht haben.** Zusätzlich helfen Internetseiten wie www.pilzfinder.de oder www.pilz-bibel.de, Bücher oder Smartphone-Apps. Ganz persönliche Hilfe kann man sich von Pilz-Experten (zum Beispiel vom Naturschutzbund) holen, die sogenannte Pilz-Sprechstunden anbieten. Einfach mal das Internet befragen, was in deiner Stadt angeboten wird, so gehst du wirklich auf Nummer sicher, denn es gibt eine Menge giftiger Pilze.

Für Wildkräuter gilt, ähnlich wie für Pilze: Man sollte schon sehr genau wissen, was man pflücken und essen kann und was nicht. Das lernt man am

Essbare Wildkräuter

- *Löwenzahn*
- *Hirtentäschel*
- *Bärlauch*
- *Gänseblumenblüten*
- *Waldmeister*
- *Vogelmiere*
- *Spitzwegerich*
- *Giersch*
- *Wilder Majoran*
- *Gundermann*
- *Linde*
- *Sauerampfer*
- *Brunnenkresse*
- *Beifuß*

besten bei einer geführten Wildkräuterwanderung. Besonders im Juni und Juli gibt es jede Menge Nahrhaftes zu entdecken, was vielleicht direkt vor deiner Haustür wächst. Von Wildkräutern alleine kannst du natürlich nicht leben, aber sie sind eine leckere und gesunde Ergänzung für deinen Speiseplan, z. B. Löwenzahn, Hirtentäschel, Bärlauch oder Gänseblumenblüten (siehe Kasten). Bücher wie »Essbare Wildpflanzen« von Steffen Guido Fleischhauer und Jürgen Guthmann helfen beim Bestimmen von essbaren Kräutern.

Ist man also gut informiert, lohnt es sich, los in die Natur zu ziehen und zu sammeln. Mal ganz abgesehen vom wunderbaren Naturerlebnis kann man nämlich wirklich eine Menge im Wald und auf der Wiese finden, was gesund und essbar ist - und dazu auch noch vollkommen kostenlos.

MUNDRÄUBERN

Mundräubern hört sich erst mal kriminell an, aber keine Angst: Du wirst sicher nicht verhaftet werden, wenn du die wichtigsten Regeln beachtest. **Es geht beim Mundräubern nämlich keineswegs um Diebstahl, sondern darum, Obst abzuernten, das frei verfügbar ist.** Jedes Jahr verderben köstliche Früchte an zig Tausend in Vergessenheit geratenen Obstbäumen in ganz Deutschland. Oft finden wir solche Bäume mitten in der Großstadt oder sie säumen unsere Landstraßen. Entscheidend für die Frage »Darf ich den Apfel pflücken?« ist stets, ob es sich um ein Privatgrundstück oder öffentliches Gelände handelt.

Die Idee, solche Fundstellen zu sammeln und allen Interessierten zugänglich zu machen, kam den Machern von **mundraub.org** während einer Kanutour durch Brandenburg. Ständig lag der Geruch von vergorenen Früchten in der Luft, weil an den Ufern der Flüsse jede Menge Apfelbäume standen - doch keiner erntete ihre Früchte, und diese verrotteten schließlich am Boden. Als die Erfinder von mundraub.org dann ihre eigene Verpflegung herausholten, stellten sie fest, dass ihre mitgebrachten Äpfel aus Neuseeland stammten. Warum aber Obst vom anderen Ende der Welt im Supermarkt kaufen, wenn es um die Ecke kostenlos Heimisches gibt? Zurück in Berlin wurde die Idee in die Tat umgesetzt, und das Interesse war von Anfang an riesig, auch seitens der Presse. Seit dem Start der Seite wurden viele Tausend Fundstellen von Tausenden Menschen aus der Republik eingetragen: Obstbäume und -sträucher, Nussbäume und Kräuter.

Auf einer interaktiven Karte kannst

du dir anschauen, was du in deiner Nähe ernten kannst - und das ist eine ganze Menge! Die Mundraub-Community hat inzwischen noch einige weitere großartige Projekte angestoßen. Außerdem ist das fantastische »Mundräuber-Handbuch« entstanden, das man auf mundraub.org erstehen kann. In dem Handbuch geht es nicht nur ums Pflücken, sondern auch ums Verarbeiten, um Recht und Grundwissen, um Pflanzen und Pflegen eigener Bäume und vieles mehr.

Ein Blick auf mundraub.org lohnt sich unbedingt, ich selbst habe schon kistenweise köstlichste Äpfel nach Hause gebracht. Und es macht einfach richtig viel Spaß, zu mundräubern.

Übrigens: Große Mengen Äpfel sollte man kühl und dunkel lagern, am besten bei 2-6 °C und in flachen, luftdurchlässigen Kisten. Regelmäßig kontrollieren ist ebenfalls wichtig, faule Äpfel müssen entfernt werden, damit die anderen Äpfel nicht ebenfalls faulen.

SELBER ANBAUEN

Was gibt es Schöneres, als sein eigenes Gemüse, Obst oder Kräuter zu ernten? Der eigene Garten bietet natürlich jede Menge Möglichkeiten, aber selbst ohne eigenen Garten kannst du einiges anbauen. Eine interessante Alternative ist ein **Schrebergarten**. Klingt zwar spießig, und ist es meistens auch noch, wenn man sich die Vorschriften der Schrebergartenvereine anschaut. Aber wer sich damit arrangieren kann, für den ist das vielleicht eine gute Möglichkeit, loszulegen. Die Pacht für einen solchen Schrebergarten ist recht gering (im Schnitt so um die

370 Euro im Jahr). Je nachdem, was der Vorgänger hinterlässt (z. B. Hütte und Gerätschaften), können aber die Übernahmekosten recht hoch aus-

fallen. Außerdem haben die meisten Schrebergärtensiedlungen lange Wartelisten, denn Schrebergärten erfreuen sich wieder großer Beliebtheit.

Wem das alles zu verbindlich oder teuer ist, der sollte sich mal **Konzepte wie meine-ernte.de** anschauen. Hier kann man sich für jeweils eine Saison ein Stück Acker mieten. Der Bauer, dem der Acker gehört, übernimmt die Vorbepflanzung mit über 20 Gemüsesorten. Außerdem werden Gartengeräte und Wasser gestellt, und die Mieter bekommen jede Menge Infos zum Ernten, Pflegen, Unkraut pflücken usw. Ein Rundum-sorglos-Paket, das es ab 199 Euro gibt. Wer sein Stück vom Acker intensiv nutzt, kann durchaus ordentliche Mengen an Gemüse und Kräutern ernten. Das Ganze ist aber nur für Menschen interessant, die 2–3 Mal pro Woche ein paar Stunden dafür opfern können, denn sonst übernehmen Schädlinge und Unkraut ganz schnell das Kommando, und du hast dein Geld zum Fenster rausgeworfen.

Wer es noch gemächlicher angehen möchte, hat vielleicht einen **Balkon** zur Verfügung, auf dem man so einiges anpflanzen kann. Klarer Vorteil: Der Weg ist nicht weit. Du benötigst keine große Fläche, um Salat, Tomaten, Radieschen, Bohnen oder Kräuter anzubauen. Besonders platzsparend sind Balkonkästen, ansonsten eignen

Geeignete Balkonbepflanzung

- *Salat*
- *Tomaten*
- *Radieschen*
- *Bohnen*
- *Erdbeeren*
- *Himbeeren*
- *Johannisbeeren*
- *Melonen*
- *Paprika*
- *Peperoni*
- *Zucchini*
- *Frühlingszwiebeln*
- *Kohlrabi*
- *Aubergine*
- *Kürbis*
- *Pflücksalat*
- *Zuckererbsen*
- *Möhren*
- *Gurken*
- *Dill*
- *Basilikum*
- *Schnittlauch*
- *Petersilie*
- *Thymian*
- *Salbei*
- *Melisse*

sich Kübel, Töpfe oder Hängetöpfe jeglicher Art.

Wer es richtig professionell angeht, kann sogar einen richtigen Gemüsegarten auf dem Balkon anlegen. Zum Thema Balkongarten gibt es zahlreiche Internetseiten und Bücher mit ausführlichen Infos. Samen bekommst du im Bioladen oder sogar im Baumarkt. Achte aber hier wirklich möglichst auf Bio-Qualität. Wichtig beim Säen ist es, die Anleitung zu lesen, denn manche Samen müssen einfach nur auf die Erde gelegt werden, andere von Erde bedeckt sein. Doch auch was das Gießen oder die Himmelsausrichtung der Fenster angeht, sind alle Kräuter individuell unterschiedlich zu behandeln. Wenn du es dir etwas einfacher machen willst, kannst du auch vorgezüchtete Setzlinge für recht wenig Geld kaufen. Wie cool ist es, morgens ein paar Tomaten zum Frühstück auf dem eigenen Balkon zu pflücken?

Du hast leider auch keinen Balkon? Dann aber sicher eine **Fensterbank**. Dort kannst du zumindest ganzjährig frische Kräuter wie Basilikum, Schnittlauch, Petersilie, Rosmarin, Kapuzinerkresse, Oregano oder Kerbel selber züchten, was dir wirklich so einiges an Geld spart, denn Kräutertöpfe kosten im Laden schnell mal 2 Euro pro Stück.

MACH'S WIE OMI

Früher hat man im Haushalt deutlich mehr selber hergestellt als heute, egal ob Marmelade, Kräuteressig, Senf, Soßen, Säfte, Liköre oder Limonade und vieles mehr. Wer macht das heute schon noch, außer vielleicht eben unsere Großmütter? Irgendwo auch verständlich, denn Selbermachen bedeutet vor allem, Zeit und Arbeit zu investieren, und Zeit haben wir ja alle nicht. Zudem bekommt man alles inzwischen problemlos fertig produziert im Supermarkt, warum sich also so viel Mühe machen? Weil man tatsächlich noch Geld sparen kann und es einfach Spaß macht, selber etwas herzustellen! **Einlegen, einmachen, dörren, haltbar machen – alles keine große Kunst und schnell gelernt.**

Trocknen und Dörren

Eine einfache Methode zum Haltbarmachen ist das Trocknen von Lebensmitteln. Durch den Prozess wird die Flüssigkeit entzogen, wodurch das Dörrgut resistenter gegen die durch Bakterien und Pilze versursachte Zersetzung wird und deutlich langsamer fault. Getrocknetes kann durchaus bis zu einem Jahr lang noch verzehrbar sein. Trockenobst eignet sich nicht nur als Zutat für das Herstellen von eigenen Müslis oder Riegeln, sondern ist auch ein gesunder Snack für zwischendurch.

Was kann ich denn überhaupt alles trocknen? Natürlich jede Menge Obst wie **Äpfel, Bananen, Mango, Ananas, Erdbeeren, Trauben usw.** Auch Gemüse kann man trocknen, zum Beispiel **Karotten, Rote Bete, Kohlrabi oder Sellerie:** schmeckt später als Snack mit etwas Avocadocreme oder einfach mit Salz und Pfeffer. Ein echter Hit sind Chips aus Grünkohl, Schwarzkohl oder Wirsing. Eine kleine Tüte mit 30 Gramm Inhalt kostet im veganen Supermarkt schnell mal 4-5 Euro, das bekommt man zu Hause deutlich günstiger hin. Im Internet findet man massenhaft Rezepte, aber man kann ruhigen Gewissens selber experimentieren. **Ebenfalls geeignet zum Dörren sind Pilze.** Dafür diese vor dem Trocknen gründlich putzen und in dünne Scheiben schneiden. Trockenpilze eignen sich super für Suppen und Soßen. **Hervorragend trocknen kann man außerdem frische Kräuter.** Kräuterbünde dazu waschen, abschütteln und mit einem Bindfaden »kopfüber« in einem möglichst dunklen, luftigen und trockenen Raum aufhängen. Schneller geht es natürlich im Dörrgerät oder im Backofen. Aus getrockneten Kräutern lassen sich ganz wunderbar eigene Kräutermischungen herstellen. Sprossen und Keimlinge lassen sich ebenfalls dörren.

Dörren kann man auf unterschiedlichen Wegen. Besonders Kräuter kann man ganz einfach zum Trocknen aufhängen - ganz ohne Technikeinsatz. Bei Früchten oder Gemüse klappt das Sonnentrocknen in unseren Gefilden leider weniger gut, da es bei uns einfach zu selten heiß genug ist. An einem warmen und trocknen Ort kann das aber durchaus klappen, wenn man das Obst (falls nötig) entkernt, in Scheiben schneidet, auf eine Schnur fädelt und aufhängt. Die effektivsten Alternativen heißen ansonten Dörrgerät und Backofen. Ein energieeffizientes Dörrgerät bekommt man so ab 30 Euro, nach oben hin sind natürlich kaum Grenzen gesetzt, ein Profigerät kostet rund 300-400 Euro. Wer eine solche Anschaffung vermeiden möchte, kann auch seinen heimischen Herd benutzen. Die gewählte Temperatur am Herd hängt stark davon ab, ob man in (annähernder) Rohkost-Qualität dörren möchte, oder ob einem das egal ist. Für Rohkost gilt nämlich, dass nichts

Rezept für Grünkohlchips

- 250 g Grünkohl
- 2 EL Olivenöl
- 1/2 TL Salz
- 1/2 TL Chiliflocken
- optional 1 TL Erdnussmus
- optional 1/2 TL Cayennepfeffer

Zubereitung

1. Den Grünkohl gut waschen und die Strünke herausschneiden. In mundgerechte Stücke zupfen.

2. Die anderen Zutaten in eine Schüssel geben und durchmischen.

3. Grünkohlblättchen ebenfalls dazugeben und gut durch-mixen.

4. Grünkohlchips auf ein mit Backpapier ausgelegtes Backblech legen (besser zwei Backbleche nehmen) und bei 160 °C im Backofen 30-40 Minuten backen. Zwischendurch mal die Ofentür kurz öffnen, damit Wasserdampf entweichen kann.

5. Wer über ein Dörrgerät verfügt, lässt die Grünkohlchips für ca. 12 Stunden darin trocknen.

Dieses Rezept lässt sich beliebig variieren. Ein köstlicher, gesunder und kalorienarmer Snack, die perfekte Alternative zu Kartoffelchips!

höher als 42 °C erhitzt werden sollte, damit möglichst wenig Vitamine und Enzyme verloren gehen. Damit die austretende Feuchtigkeit entweichen kann, öffnet man entweder hin und wieder die Backofentür oder steckt einfach gleich einen Holzlöffel oder Ähnliches zwischen Backofen und Klappe, sodass ein kleiner Spalt entsteht. Während ein Dörrgerät für das gewünschte Endergebnis durchaus mal 12 Stunden benötigt, kann es im Backofen bei deutlich höheren Temperaturen sehr viel schneller gehen - möglicherweise dann aber eben zulasten der Rohkostqualität. Nachteilig beim Backofen ist, dass man gut aufpassen muss - das Trockengut kann im Backofen schnell verbrennen, das gilt besonders für dünnes Trockengut wie Grünkohl.

Die eigene Herstellung von Trockenobst ist übrigens nicht immer günstiger als der Kauf von Trockenobst, gerade wenn man die Energiekosten für Dörrgerät oder Backofen einrechnet -

abgesehen vom zeitlichen Aufwand. Trotzdem ist das Dörren von Gemüse und besonders von Obst immer eine sinnvollere Alternative zum Wegwerfen, wenn man einfach zu viel eingekauft hat oder mundräubern war.

Einmachen, einkochen und einlegen

Eine weitere Methode, Lebensmittel sehr lange haltbar zu machen, ist das »Einmachen«. Dazu wird Obst oder Gemüse in ein verschließbares Glas gegeben und so lange auf über 100 °C erhitzt, bis man sichergehen kann, dass der Glasinhalt keimfrei ist. Durch das Erhitzen entweicht die Luft aus dem Glas, und der dabei entstehende Unterdruck verhindert das Eindringen neuer Bakterien und Keime. Das Glas sollte so voll wie möglich sein, bevor man dann bei Obst Wasser, und bei Gemüse Salzwasser auffüllt. Die zusätzliche Zugabe von Zucker ist möglich, aber nicht zwingend notwendig, der Zucker verlängert die Haltbarkeit aber zusätzlich. Das Glas wird nun verschlossen und erneut für ungefähr zwei Stunden erhitzt, was in einem Backofen passieren sollte. Wenn man spezielle Einmachgläser (beispielsweise die berühmten Weckgläser) benutzt, geht das Ganze schneller.

Man unterscheidet zwischen süß einmachen und sauer einmachen. Du kannst mit dieser Methode selbst Marmeladen oder Konfitüren herstellen:

Süß einmachen

1. Früchte waschen oder schälen, evtl. schneiden und/oder Kerngehäuse entfernen. Früchte mit Zucker mischen und mindestens 2 Stunden ruhen lassen, besser länger.

2. Die Mischung aus Früchten und Zucker in einem Topf aufkochen lassen, gelegentlich umrühren. Marmeladengläser auskochen und mit Deckel auf einem sauberen Küchenhandtuch trocknen lassen.

3. Die Masse heiß in die Gläser einfüllen, am besten mit einem Trichter. Gläser bis ungefähr 1 cm unter dem Rand auffüllen, mit dem Deckel fest verschließen. Das Glas umdrehen und erkalten lassen. So entsteht ein Vakuum. Dreht man die Gläser wieder um, wölbt sich der Deckel deshalb nach innen. Beim Öffnen des Glases später sollte ein Knacklaut erklingen.

Benutzt man sogenannte Twist-off-Gläser, so kann man diese gleich randvoll füllen, und muss das Glas anschließend nicht umdrehen. Einkochgläser mit Gummiringen sind für Marmelade weniger geeignet, da hier kein ausreichendes Vakuum entsteht. Die Gläser sollten generell dunkel, trocken und kühl gelagert werden. Einmal geöffnete Gläser gehören in den Kühlschrank, und ihr Inhalt sollte schnell verzehrt werden. Vorteil des Einmachens: Der Gläserinhalt hält sich in geschlossenen Gläsern jahrelang. Nachteil: Durch das starke Erhitzen gehen leider eine Menge Vitamine verloren.

Gemüsesorten wie Möhren, Paprika, Rote Bete, Gurken oder grüne Bohnen kann man hervorragend einlegen, besonders in Essig und Öl. Essig sorgt für ein saures Milieu, hierdurch werden Bakterien abgetötet und das Gemüse konserviert. Zur längeren Haltbarmachung reicht Essig alleine aber nicht, zusätzlich muss gezuckert, gesalzen oder eingekocht werden. Alternativ kann Gemüse in Speiseöl eingelegt werden, doch auch hier gilt: Das alleine reicht nicht zum Haltbarmachen, das Gemüse sollte vorher beispielsweise getrocknet werden.

Wer sich eingehender mit dem Thema Einmachen beschäftigen möchte, findet eine Vielzahl von Infoseiten mit Techniken und Rezepten

Sauer einmachen

Für das salzige Einmachen bzw. Einlegen erstellt man einen Sud aus Wasser, viel Salz und ein wenig Essig oder Zitronensaft. Noch würziger wird der Sud durch die Zugabe von Kräutern wie Dill oder Estragon und durch Gewürze wie Pfeffer oder Senfkörner. Du magst es scharf? Dann dürfen gerne auch noch Chili, Meerrettich oder Ingwer mit rein.

Dieser Sud wird aufgekocht und nach dem Erkalten über das Gemüse ins Einmachglas gegeben, sodass dieses vollständig bedeckt ist.

Nicht nur Klassiker wie Gewürzgurken, sondern auch Zitronen, kleine Zwiebeln oder Möhren eignen sich gut für das salzige Einmachen. Und wer es lieber sauer mag, der kann mit einem Essigsud Chinakohl, Paprika, Gurken etc. sauer einlegen.

dazu im Internet, natürlich gibt es auch jede Menge Bücher.

Einfrieren, Dörren, Einmachen, Pasteurisieren und Einlegen sind nicht die einzigen Möglichkeiten, Lebensmittel haltbar zu machen. Weitere Alternativen sind Pökeln, Salzen, Vergären und Räuchern. Diese Techniken sind allerdings oft noch aufwändiger als das Einkochen oder Einmachen. Wer daran trotzdem Interesse hat, findet auch jede Menge Infos dazu im Internet. Die hier kurz zusammengefassten Verfahren sollen dir lediglich als Anregung dienen, eine ausführliche Beschreibung würde den Rahmen des Buches leider sprengen. Es kann jedenfalls lohnenswert sein zu schauen, was Oma und Opa so alles gemacht haben, um Lebensmittel haltbar zu machen.

Warum nicht aus den ganzen Äpfeln von der Mundraub-Tour einmal selbst Saft machen? Natürlich gibt es Geräte dafür, aber es funktioniert auch ohne. Dazu benötigt man lediglich einen Kochtopf, einen Pürierstab und ein Sieb (siehe Anleitung unten). Das Obst oder Gemüse wird gewaschen oder geschält, klein geschnitten und mit etwas Wasser für 20-30 Minuten gekocht. Anschließend püriert man das Ganze und lässt es in einem Sieb abtropfen. Noch einfacher geht es natürlich mit einem Entsafter. Die Anschaffung lohnt sich aber nur, wenn man wirklich häufiger entsaften möchte.

Entsaften mit einem Schnellkochtopf

- Dazu gibt man in den Topf etwas Wasser, anschließend setzt man einen ungelochten Einsatz darauf, und darauf wiederum einen gelochten Einsatz mit dem zu entsaftenden Obst oder Gemüse.
- Das Ganze wird verschlossen und für wenige Minuten (abhängig vom Härtegrad des Obsts oder Gemüses) gekocht.
- Deckel abnehmen, Einsätze entnehmen und das Kochwasser abschütten.
- Den Saft aus dem ungelochten Einsatz in den Kochtopf schütten, Gemüse und/oder Obst mit einem Mulltuch über dem Kochtopf auspressen.
- Den Saft in sterilisierte Glasflaschen geben.
- Nicht vergessen, den Trichter ebenfalls vorher zu sterilisieren.

Es gibt also eine ganze Menge Möglichkeiten, große Mengen Obst oder Gemüse haltbar zu machen oder daraus einfach etwas Köstliches selbst herzustellen, das sich länger hält: Marmelade, Sirup, Pesto, Saft oder Likör, um nur ein paar Beispiele zu nennen.

Selber machen und Geld sparen

Nicht nur in Sachen Haltbarmachen waren Oma und Opa kreativ, sondern auch was die Herstellung von Kräuter- und Gewürzmischungen oder Kräuterölen, Gemüsefonds, Pasta, Balsamico-Essig, Pestos, Dressings oder Soßen anging. Seitan, Pflanzendrinks und Käseersatz herzustellen oder zu Tofu marinieren gehörte vermutlich nicht zu Omas Standardprogramm, aber vielleicht ja bald zu deinem, denn hier kann man wirklich eine ganze Menge Geld sparen.

Viele Rezepte findest du im Rezeptteil dieses Buches.

PFLEGEPRODUKTE FÜR HAUT, HAAR UND HAUSHALT

Auch bei Pflegeprodukten und Haushaltsreinigern kannst du viel Geld sparen, wenn du Produkte selber herstellst. Das meiste ist sogar ausgesprochen simpel, und auch hier könnte dir Oma vermutlich einige ganz einfache Tipps geben. Du kannst zum Beispiel ganz einfach aus Zitrusfruchtschalen und Haushaltsessig einen Allzweckreiniger herstellen. Dazu einfach die Schalen in ein Gefäß geben (z. B. ein großes Weckglas), mit Essig auffüllen, bis die Schalen bedeckt sind, und für 2-3 Wochen stehen lassen - fertig. Gelegentlich Essig nachgießen, da die Schalen die Flüssigkeit aufsaugen, und immer bedeckt sein sollten.

Mit Essig, Zitronensäure, Spiritus, Soda, Natron und weiteren günstigen Produkten kann man fast alle Kaufprodukte ersetzen und sogar Fensterreiniger, Spülmittel, Flüssighandseife, Abflussreiniger oder Waschmittel selber herstellen. Besonders viel zu dem Thema findest du auf Websites wie www.smarticular.net. **Auch Körperpflegeprodukte wie Shampoo oder Duschgel lassen sich einfach eigenhändig herstellen,** und auch dazu findest auf der eben genannten Internetseite viele Tipps und Anleitungen.

Die beste Anlaufstelle rund um das Thema vegane Kosmetik ist **kosmetik-vegan.de**. Blogbetreiberin

Erbse bietet nicht nur jede Menge Infos und Produktlisten (z. B.: »Welche Produkte kann ich bedenkenlos kaufen?«), sondern hat auch eine Extra-kategorie »selbstgemacht«. Diese bietet alles, was man sich nur denken kann: Mückenspray, Conditioner, Bartpflege, Haarkur, Schokomaske,

Nagelpflege, Shampoo, Gesichtswasser, Gesichtsmasken, Meersalzpeeling und vieles, vieles mehr. Sogar wie man Abschminkpads selbst herstellen kann, verrät kosmetik-vegan.de. Ein Besuch der Seite lohnt sich also, egal ob du dich generell zum Thema schlaumachen möchtest, ob du wissen möchtest, welche Produkte du bedenkenlos kaufen kannst oder selbst die Ärmel hochkrempeln willst.

Eine weitere Möglichkeit, Geld zu sparen, ist der weitgehende Verzicht auf bestimmte Produkte. **Viele Men-schen waschen ihre Haare nicht mehr mit gekauftem Shampoo, sondern nur noch nach der »No'Poo Methode«** (oder auch »Poo-free« genannt), was nichts anderes heißt als »No Shampoo«. Man kann dadurch nicht nur Geld sparen, sondern vermeidet auch Silikone oder Sulfate, die in Shampoos üblicherweise enthalten sind. Stattdessen gibt man einfach einen Esslöffel Natron und einen Esslöffel Wasser auf die Hand und wäscht damit die Kopfhaut, spült das Haar anschließend für eine Minute aus. Wer mag, kann sich einfach ein Einmachglas oder Ähnliches mit dieser Mixtur in die Dusche stellen, natürlich in größerer Menge vorbereitet. Für die Spülung danach kann man einfach eine Tasse Wasser mit einem Esslöffel Apfelessig in einer Glasflasche mischen. Die Mischung auftragen und für wenige Minuten einziehen lassen, gut abspülen. Der Essiggeruch verfliegt schnell. Es gibt noch einige alternative Methoden, zum Beispiel kann man seine Haare auch mit Wascherde waschen. Dazu einfach drei Esslöffel Wascherde mit sechs Esslöffeln heißem Wasser verrühren und in die feuchten Haare einmassieren, dann auswaschen.

Anstatt viele einzelne Produkte für die unterschiedlichen Körperregionen zu kaufen, kann man auch auf Universal-Lösungen setzen. So manch einer schwört beispielsweise auf **Kokosöl als Allround-Körperpflegemittel**, als Hautpflegecreme, Haargel, Massageöl, Lippenbalsam, Deo, Peeling, Make-up-Entferner, Haarspülung etc. Auch recht universell nutzbar ist Olivenöl, durch welches man teure Cremes und Lotionen ersetzen kann.

Sparen kann man natürlich auch, indem man ganz einfach auf bestimmte Produkte verzichtet. Geh doch mal deinen Badezimmerschrank durch und frage dich: Benötige ich das alles wirklich? Setze ansonsten lieber auf Allzweck-Lösungen als für jedes Einsatzgebiet ein Extramittel zu kaufen. Es gibt wirklich für jeden Mist irgendein Mittelchen, das man für teures Geld kaufen kann - aber zum Glück ja nicht muss. Natürlich wollen uns die Hersteller einreden, dass wir das alles brauchen, aber lass dich nicht verlocken oder verunsichern. Nicht nur in Backpacker-Kreisen beliebt ist zum Beispiel die Allzweckseife von Dr. Bronner, u. a. zum Rasieren, als Shampoo, Deodorant, Zahnpasta, Duschgel, Toilettenreiniger, Massageöl, Waschmittel, Badezusatz, Lotion und als Geschirrspülmittel!

NUTZE DEINE COMMUNITY!

Das Beste ist: Es gibt noch Unmengen mehr Tipps, als in diesem Buch versammelt werden können, und zwar komplett kostenlos. Jede Menge Foren, Facebook-Gruppen, Initiativen und Internetseiten helfen dir, noch mehr Geld zu sparen. Du kannst dich dort ausgiebig mit anderen austauschen, z. B. in **Facebook-Gruppen wie »Low Budget vegan«, »Kauftipps für Veganer« oder »Vegane Selbstversorger« (weitere Gruppen mit Links im Anhang).** Hier posten Leute, wenn sie vegane Produkte im Angebot entdeckt haben, wie man gekaufte Produkte viel günstiger selber herstellt und natürlich auch massenhaft Rezepte für günstige Mahlzeiten. Es gibt sogar speziell darauf ausgerichtete Rezeptseiten. Der Fundus an Tipps und Rezepten ist wirklich unerschöpflich, du musst einfach nur ein wenig suchen. Nutze dafür die im Anhang aufgeführten Quellen als Ausgangsbasis.

Foodsharing und Lebensmittel retten

Eine tolle Sache ist »Foodsharing« - und eine im Prinzip ganz einfache dazu: Bevor man Lebensmittel wegwirft, gibt man sie weiter an andere, die sie gebrauchen können. So rettet man Lebensmittel und kann Geld sparen. Wer einmal den Film »Taste the waste« gesehen hat, weiß Bescheid: Die Hälfte aller produzierten Lebensmittel wird weggeworfen, vieles sogar noch bevor es im Supermarkt ankommt. Bereits auf den Feldern werden Möhren oder Gurken aussortiert, weil sie zu krumm oder zu klein sind, um die EU-Normen zu erfüllen. Ziemlich pervers angesichts der Tatsache, dass eine Million Menschen auf der Welt hungert. In Berlin gibt es inzwischen sogar einen Laden mit Catering-Angebot, der ausschließlich mit solchem Gemüse kocht, die »Culinary Misfits«.

Der Film »Taste the waste« brachte die Idee einer Foodsharing-Plattform mit sich, und diese wurde über ein Crowdfunding-Aktion schließlich auch erfolgreich realisiert. **Wer sich bei Foodsharing.de registriert, kann Lebensmittel, die er selber nicht aufbrauchen kann (z. B. vor einem Urlaub) einstellen, und ein anderer Foodsharer kann diese dann abholen.** In manchen Großstädten gibt es sogar sogenannte **»Foodsharing Hotspots«, also Sammelorte, an denen Lebensmittel abgegeben und abgeholt werden können.** Immer mehr Lebensmittelgeschäfte werden ebenfalls Mitglied, sodass die aussor-

tierten Lebensmittel nicht mehr in der Tonne landen, sondern von engagierten Menschen weiterverteilt werden. Weitere Infos zum Thema findest du auf wiki.lebensmittelretten.de.

Skills gegen Essen

Du kannst richtig Spanisch, aber nicht so gut kochen? Es wäre doch toll, wenn du jemand findest, bei dem es genau umgekehrt ist. Immer mehr Menschen praktizieren das Prinzip »Skills gegen Essen« - oder gegen andere Leistungen. Wenn dir jemand Geld gibt, damit du ihm Spanisch beibringst - warum solltest du dieses Geld anschließend in einem Restaurant ausgeben, wenn du doch genauso gut Unterricht gegen ein leckeres Essen eintauschen kannst? Ein Aushang im Supermarkt, oder noch besser ein Posting in einer FB-Gruppe (vielleicht gibt es ja in deiner Stadt eine Vegan-Gruppe) könnte helfen, hier fündig zu werden. **Freeconomy** ist in diesem Zusammenhang ein oft gehörtes Stichwort, eine konsumkritische Bewegung, die sich zum Ziel gesetzt hat, möglichst ohne Geld auszukommen. Raphael Fellmer hat dazu gleich ein ganzes Buch geschrieben mit dem Titel »Glücklich ohne Geld«, das man sich kostenlos unter www.raphaelfellmer.de/buch-glueck-lich-ohne-geld herunterladen kann.

Tauschen oder ausleihen statt kaufen

Richtig sinnvoll ist auch das Prinzip »Leihen statt Kaufen«. Warum sollte jeder Haushalt eine Bohrmaschine, einen Rasenmäher, eine Leiter oder einen Entsafter besitzen? Bei solchen Gegenständen, die man nur selten benötigt, reicht es doch, wenn man sich diese zwischendurch mal ausleihen kann. **»Sharing Economy«** nennt man das Ganze gerne. Eine kreative und witzige Hilfe sind beispielsweise Aufkleber auf deinem Briefkasten, die signalisieren, was Nachbarn sich bei dir ausleihen können. Auf das Thema spezialisierte Internetseiten bieten dir auch die Möglichkeit, Sachen einzutauschen, die du selbst nicht mehr brauchst. Facebook-Gruppen laden ebenfalls dazu ein, vegane Produkte zu tauschen. Links findest du im Anhang.

Wer nicht ständig neue Kleidung kaufen kann oder möchte, für den sind Klamottentauschpartys oder auf den Tausch spezialisierte Internetseiten interessant. Hier kannst du solche Kleidung einstellen, die du nicht mehr benötigst, und natürlich selber das eine oder andere Schnäppchen machen. Vielleicht lernt man bei der Übergabe sogar noch nette Menschen kennen, wer weiß?

Ausmisten und verkaufen

Du hättest gerne einen guten Mixer oder einen Entsafter, hast aber nicht das nötige Kleingeld dafür? Wie wäre es, wenn du mal so richtig schön ausmistest und über eBay Kleinzeigen & Co. das ganze überflüssige Zeug verkaufst? All das, was immer nur herumliegt und nie benutzt wird. Du wirst staunen, wie sich auch kleine Beträge ordentlich summieren - und wer weiß? Vielleicht hast du in Windeseile dein Mixerbudget zusammen!

Du siehst, mit ein wenig Mühe, Kreativität und häufig auch mit der Hilfe anderer kann man wirklich sehr vieles in Eigenregie leisten. Natürlich kostet das zusätzliche Zeit - aber das meiste spart auch Geld und vor allem macht es Spaß, selber etwas herzustellen. Die meisten von uns haben den Bezug zur Herkunft von Lebensmitteln oder der Herstellung von Produkten verloren oder schlichtweg nie gehabt. Es ist wirklich spannend und lehrreich, den DIY-Gedanken aufzugreifen und aktiv zu werden. Infos und Tipps findest du ohne Ende, egal ob im Internet oder in Büchern (besuch doch auch mal wieder deine örtliche Bücherei, du musst ja nicht gleich jedes Buch kaufen).

GÜNSTIG VEGAN KOCHEN

enn du deine Schnäppchen vom Einkaufen heimgebracht und deine Kräuter auf dem Balkon geerntet hast, geht es ab in die Küche, denn auch beim Kochen kann man einiges an Geld sparen - durch zumeist ganz simple Tricks oder ein ganz klein wenig Mehrarbeit, die sich später dann auszahlt. Ganz klar: Kochen kostet Zeit, und wer hat schon jede Menge Zeit? Aber mal ganz ehrlich: Wie viel Zeit nehmen wir uns für deutlich weniger wichtige Sachen wie Facebook, Fernsehen oder Handy-Spiele zum Beispiel? Investiere lieber einen Teil davon in deine eigene Ernährung. Mit ein wenig Übung in der Küche kommt schließlich auch Routine, man wird effektiver und schneller.

SELBER KOCHEN
STATT RESTAURANTBESUCHE

Das Geldsparen fängt beim Kochen schon damit an, dass du es tatsächlich tust, anstatt ins Restaurant zu gehen. Selber kochen ist garantiert günstiger. Warum solltest du für Nudeln mit einer Tomatensoße im italienischen Restaurant 7,50 Euro bezahlen, wenn du dir dasselbe Gericht zu Hause für vielleicht 1 Euro kochen kannst? Ich bin am Anfang meines veganen Lebens auch ziemlich oft essen gegangen, fand es natürlich total spannend, neue vegane Restaurants zu besuchen. Das finde ich auch heute noch, muss jedoch häufig feststellen: Das bekomme ich zu Hause mindestens genauso gut hin! Das soll jetzt keineswegs arrogant rüberkommen, ich bin wahrlich kein Profikoch, doch

Übung macht auch beim Kochen den Meister.

Man kann sich natürlich auch ganz wunderbar zuhause zum gemeinsamen Kochen mit Freunden verabreden, anstatt viel Geld im Restaurant zu lassen. Eine Flasche Wein aufmachen, quatschen und dabei schnippeln - die Einkaufskosten werden geteilt. Eure Lieblingsmusik könnt ihr dann auch noch auflegen! Ihr habt eine Menge Spaß und spart eine Menge Geld dabei. Und: Selbst gekochtes Essen weiß man viel mehr zu schätzen!

Gleiches gilt übrigens auch für die Arbeit oder längere Tagestrips. Lieber in der heimischen Küche etwas selbst zubereiten und mitnehmen, als es unterwegs zu kaufen. Auch das spart wirklich Geld und das Ergebnis schmeckt mir meist besser. Am besten schafft man sich Mehrweg-Lunchboxen oder Ähnliches an, das rentiert sich auf Dauer und ist umweltfreundlicher. Praktisch sind Lunchboxen, die innen noch einmal unterteilbar sind, sodass man auch mehrere Komponenten, die man nicht mischen möchte, transportieren kann. Salatsoßen sollte man am besten immer in einem Extra-Behältnis mitnehmen, sonst weicht der Salat zu sehr durch. Man kann natürlich auch wiederverschließbare Gläser, in denen zuvor z. B. Hülsenfrüchte oder Gurken waren, ausspülen und für diesen oder einen anderen Zweck (Aufbewahrung von Gewürzen, Getreide, Trockenfrüchten etc.) weiternutzen oder zum Einkochen verwenden.

Willst oder musst du unterwegs mal etwas fertig Zubereitetes essen, so sind Falafeln, Gemüsedöner, Pommes, Sommerrollen, Sushi oder gebratene Asianudeln günstige, wenn auch leider nicht immer sehr gesunde Gerichte.

KEEP IT SIMPLE: MIT GÜNSTIGEN BASICS SELBER KOCHEN

Die wichtigste Strategie für günstiges Kochen lautet: Mit günstigen Zutaten selber kochen. Klingt fast zu simpel, um wahr zu sein, aber das spart tatsächlich am meisten Geld. Auch der Kauf von Fertiggerichten rechnet sich absolut nicht, denn Convenienceprodukte sind teuer. Außerdem enthalten Fertiggerichte meistens Zusatzstoffe, die niemand braucht.

Ich wiederhole mich an dieser Stelle zwar, aber es ist noch mal wichtig festzustellen: **Alle Grundnahrungsmittel, die die Basis deiner Mahlzeiten bilden sollten, sind günstig: Gemüse, Obst, Hülsenfrüchte und vor allem auch Getreide.** Diese Lebensmittelgruppen sollten mit einem Anteil von 80-90 Prozent des Speiseplans die Grundlage unserer Ernährung darstellen. Der Rest (wie Nüsse und Samen, Öl, Sojaprodukte und Gewürze) mag zwar bisweilen etwas teurer sein als diese Hauptnahrungsmittel, aber von ihnen benötigst du ja auch deutlich weniger. Alles andere, was wirklich teuer ist (wie Superfoods und Nussmuse etc.), brauchst du nicht wirklich zum Leben.

Schauen wir uns doch mal ein paar solcher Grundnahrungsmittel und ihre Preise an:

Beispiele für günstige Grundnahrungsmittel	
Reis	0,85 Euro für 1 KG
Basmati-Reis	1,99 Euro für 1 KG
Bio-Nudeln	0,89 Euro für 500 g
Haferflocken	0,39 Euro für 500 g
Linsen	0,69 Euro für 850 ml (Dose)
Passierte Tomaten	1,19 Euro für 1 Liter (Tetrapack)
Brechbohnen	0,69 Euro für 850 ml (Glas)
Grüne Bohnen	1,69 Euro für 1 KG (TK)
Weiße Bohnen	0,69 Euro für 850 ml (Dose)
Kidney-Bohnen	0,39 Euro für 425 ml (Dose)
Erbsen	0,59 Euro für 425 ml (Dose)
Kartoffeln	2,99 Euro für 3 KG
Weizenmehl	0,49 Euro für 1 KG

Solche Lebensmittel sind nicht nur günstig, sie sind zudem auch noch gesund. Es ist daher wirklich relativ problemlos möglich, günstig vegan zu leben - wenn man eben auf Grundnahrungsmittel setzt und stattdessen auf Convenience- und unnötige Luxusprodukte verzichtet! Einen Nährstoffmangel brauchst du nicht zu befürchten, denn diese günstigen Basics enthalten alle Nährstoffe, die du brauchst (mit Ausnahme von B12, was du supplementieren solltest).

Aber mal ganz ehrlich: Ist es denn nicht zumindest furchtbar langweilig und fad, ausschließlich mit solchen Grundnahrungsmitteln und ohne all das fancy Zeug aus dem veganen Supermarkt zu kochen? Ohne diese praktischen Convinience Produkte, ohne Superfoods? Als Antwort reicht ein Blick auf einen kleinen Auszug veganer Lebensmittel, der schnell zeigt, WIE groß die Auswahl - und damit die Abwechslung - tatsächlich sein kann:

Gemüse, Kräuter & Fruchtgemüse

Artischocken	Knoblauch	Rotkohl
Aubergine	Kopfsalat	Rucola
Avocado	Kürbisse	Sauerampfer
Blumenkohl	Löwenzahn	Schalotten
Brokkoli	Mairübchen	Schnittlauch
Brunnenkresse	Mais	Sellerie
Bärlauch	Mangold	Spargel
Chicorée	Möhren	Spinat
Chinakohl	Okra	Steckrüben
Eichblattsalat	Pak Choi	Süßkartoffeln
Eisbergsalat	Palmkohl	Tomaten
Endivie	Paprika	weiße Rübchen
Feldsalat	Pastinaken	Weißkohl
Frühlings-	Porree	Wirsing
zwiebeln	Portulak	Wurzelpetersilie
Giersch	Radieschen	Zucchini
Grünkohl	Rhabarber	Zwiebeln
Gundermann	Romanesco	
Gurken	Rosenkohl	*und noch so*
Kartoffeln	Rote Bete	*einige mehr*

Obst

Ananas	Limetten
Äpfel	Mangos
Bananen	Melonen
Birnen	Nektarinen
Clementinen	Pampelmusen
Erdbeeren	Pfirsiche
Granatäpfel	Pflaumen
Grapefruits	Quitten
Himbeeren	Weintrauben
Johannisbeeren	Zitronen
Kirschen	
Kiwis	*und viele*
Kokosnüsse	*weitere*

Hülsenfrüchte

Bohnen
Erbsen
Kichererbsen
Linsen
Zuckererbsen

Fast alles bekommt man in günstigen Trockenvarianten!

Getreide und Pseudogetreide

Dinkel	Mais
Einkorn	Nacktgerste
Emmer	Pseudogetreide
Graupen	(Quinoa, Amarant,
Grünkern	Seitan)
Hafer	Reis
Hartweizen	Roggen
Hirse	Weichweizen
Kamut	Weizen

Besonders günstig sind Weizen, Reis und Hafer, während Quinoa oder Amarant etwas kostspieliger sind.

Natürlich musst du dir jetzt nicht gleich all diese Lebensmittel besorgen. Diese Liste soll lediglich zeigen, wie vielfältig die Kombinationsmöglichkeiten sind, wenn man die absoluten Basics, also quasi die Sättigungsbeilagen, mit frischem Gemüse und weiteren Zutaten kombiniert. Langeweile muss hier ganz sicher nicht aufkommen!

Manche exotische Obst- oder Gemüsesorte aus den Listen mag durchaus schon mal etwas teurer sein, während heimische und saisonale Sorten in der Regel sehr günstig sind. Das kann man natürlich nicht pauschalisieren, denn Bananen zum Beispiel sind immer und überall günstig zu haben. Letztlich hilft wirklich nur, immer mal wieder Preise zu vergleichen und am besten Angebotsware zu kaufen.

Welche Geldsparer sollte man immer zuhause haben?

Die folgenden günstigen Grundnahrungsmittel sollte man immer zuhause haben, damit man jederzeit die Basis für eine leckere Mahlzeit griffbereit hat:

- Kartoffeln
- Reis
- Haferflocken
- Bohnen (vor allem Kidney-Bohnen und weiße Bohnen)
- Kichererbsen
- Linsen (vor allem rote und braune Linsen)
- (TK-)Erbsen
- Mais
- (VK-)Nudeln
- Couscous
- Mehl
- Zwiebeln
- Dosentomaten
- Knoblauch
- (VK-)Brot

Darüber hinaus solltest du **TVP** (Sojagranulat in verschiedenen Varianten, ein supergünstiger Fleischersatz), **Natur- und Räuchertofu, Seitanfix, Kerne** (vor allem Sonnenblumenkerne sind günstig) und

Nüsse, Sojasoße, Raps- und Olivenöl, Standardgewürze (wie Salz, Pfeffer, Paprika, Curry, Zimt etc.) und **Hefeflocken** immer vorrätig haben. All diese Lebensmittel sind in der Regel lange haltbar und auch extrem günstig.

Kartoffeln, Reis, Nudeln und Hülsenfrüchte sättigen nicht nur gut, sondern liefern jede Menge Nährstoffe. Bei Hülsenfrüchten kann man zusätzlich echtes Geld sparen, wenn man die Trockenvariante wählt. Diese kann man zudem in größeren Packungsgrößen kaufen, beispielsweise im Asialaden oder im türkischen Supermarkt. Koche dir einfach eine größere Portion Hülsenfrüchte vor und friere einen Teil ein – so hast du immer spontan welche zur Hand.

Auch Haferflocken sind sehr günstig und eine hervorragende Grundlage für diverse Frühstücksvarianten (Porridge, Overnight Oats, selbst gemachte Müslis usw.). Mit Mehl kannst du Pfannkuchen, Brot und Kuchen backen.

Diese Grundausstattung besteht aus günstigen Lebensmitteln, die man wirklich überall bekommt. Selbstverständlich würde es sehr langweilig werden, ausschließlich mit diesen Basics zu kochen. Sie sollen selbstverständlich »nur« die Grundlage bilden, die du dann mit frischem Gemüse und weiteren Zutaten kombinierst.

BAUKASTEN-GERICHTE UND RESTEVERWERTUNG

Kochen muss nicht aufwändig sein. Es gibt so viele Gerichte, die man wie in einem Baukasten einfach immer wieder neu zusammenwürfeln kann, wo man nichts abwiegen muss und eigentlich auch gar nichts falsch machen kann. Der Vorteil gegenüber dem Nachkochen von Rezepten ist, dass man nicht erst noch los zum Einkaufen muss, weil einem zwei Zutaten fehlen. Stattdessen kann man solche Gerichte auch wunderbar zur Restverwertung nutzen.

Was war dein Lieblingsgericht als Kind? Die meisten antworten auf diese Frage mit ganz einfachen Gerichten wie Nudeln mit Tomatensoße oder Möhren-Kartoffel-Stampf.

Warum sollten wir also heute ständig wahnsinnig komplizierte Gerichten mit total vielen und möglichst exotischen Zutaten kochen müssen? Keep it simple! Einfache Gerichte mit wenigen Zutaten sind doch großartig! Das gilt besonders auch dann, wenn du ein paar Lebensmittel im Kühlschrank findest, du wirklich so langsam mal verwertet werden sollten. Was fängt man aber mit einer halben Zwiebel oder Zucchini an? Anstatt Rezeptbücher auf der Suche nach DEM passenden Rezept für genau die Menge an vorhandenen Zutaten zu durchforsten, solltest du die Sachen lieber in einem der folgenden Baukasten-Gerichte „verbraten".

Salate

Der Klassiker der veganen Küche schlechthin ist natürlich Salat. Salate sind supergesund, denn grünes Blattgemüse ist prall gefüllt mit Nährstoffen. Meine Mutter hat früher den immer gleichen Salat gemacht, den ich nicht mochte: Eisberg- oder Kopfsalat, dazu Tomaten, rohe Zwiebeln und ein Dressing aus Öl und Essig. Kein Wunder, dass ich erst viele Jahre später meine Leidenschaft für Salate entdeckte! Dafür gibt es jetzt fast jeden Tag einen großen Salat, der immer unterschiedlich zusammengestellt wird - je nachdem, was gerade da ist. Damit ein Salat für mich zu einer »echten Mahlzeit« wird, toppe ich ihn mit etwas Angebratenem, zum Beispiel Pilzen oder Tempeh. Du kannst dir jederzeit supereasy einen Salat »bauen«, indem du einfach nach Herzenslust kombinierst. Einen guten Start bietet die Salat-Matrix (siehe rechte Seite).

Backofen-Gemüse und Aufläufe

Ein weiterer Baukasten-Klassiker ist Backofengemüse. Dieses immer wieder variierbare Gericht ist nicht nur schnell und total einfach gemacht, sondern es eignet sich zudem ganz hervorragend zur Resteverwertung. Du hast noch eine halbe Zucchini und zwei Möhren, ein paar Pilze und Kartoffeln rumliegen, weißt aber nichts damit anzufangen? Nimm dir einfach eine Auflaufform oder ein Backblech, wasche/schäle/würfle alles und rein damit. Jetzt noch ein wenig Olivenöl drüber geben, gerne ein paar Kräuter (getrocknete Kräuter eignen sich besonders gut, Rosmarin und Thymian dürfen auch in der frischen Variante mit rein) dazu. Wer mag, macht sich noch fix einen Käseersatz zum Drübergeben (s. Rezeptteil). Ab in den Ofen für 20-30 Minuten (je nachdem, was du alles drin hast), fertig! Auch mit gekochten Nudeln funktioniert das gut, dann heißt es eben Nudelauflauf, und du gibst eine Tomatensoße und vielleicht einen Käseersatz drüber.

Wok-Gerichte

Ähnlich funktionieren Wok-Gerichte, für die man ebenfalls Gemüse klein schneidet, im Wok anbrät (immer zuerst das Gemüse reingeben, das am längsten zum Garen braucht), und das ganze beispielsweise mit Reis oder Couscous kombiniert, wenn man möchte. Hier eignen sich besonders gut asiatische Varianten mit Gemüse wie Möhren, Pak Choi, Sojabohnen-Sprossen, Paprika, Champig-

Salat-Matrix					
Grundsalat	**Gemüse**	**Topping**	**Extras**	**Obst**	**Dressing**
Rucola	Tomaten	Naturtofu	Walnüsse	Erdbeeren	Balsamico-Dressing
Chicorée	Grüne Bohnen (blanchiert)	Geröstete Kichererbsen	Mandelstifte	Zitrusfrüchte	Orangen-Senf-Vinaigrette
Junger Spinat	Möhren, Gurke	Tempeh	Sesam	Mango	Asia-Dressing
Kopfsalat	Avocado, Mais, Tomaten	Champignons	Schmale Chilistreifen	Zitrusfrüchte	Guacamole, mit etwas Wasser verdünnt
Eichblattsalat	Tomaten, Radieschen, Frühlingszwiebeln	Räuchertofu	Kürbiskerne	Feigen	Klassische Vinaigrette
Feldsalat	Fenchel und Möhren, gebraten	Croutons	Kürbiskerne	Apfelstücke	Cremiges Linsen-Dressing
Weißkohl, geraspelt	Möhren und Gurke, Geraspelt	Naturtofu, in der Pfanne mit Sojasoße gebraten	Sesam	Mango oder Papaya	Asia-Dressing

nons und Zucchini, dazu Kräuter wie Thai-Basilikum oder Koriander. Das ganze mit Sojasoße würzen oder mit Kokosmilch aufgießen und mit Curry oder Currypaste veredeln. Im Asialaden bekommt man supergünstige fertige Currypasten (Achtung: Nicht all diese Pasten sind vegan). Auch hier gilt: Einfach loslegen und nach Lust und Laune kombinieren.

Suppen und Eintöpfe

Ich finde, Suppen sind geniale Gerichte, denn sie sind einfach zuzubereiten und gleichzeitig richtig gesund. Außerdem eignen auch sie sich ganz hervorragend zur Resteverwertung. Gerade klassische Gemüsesuppen sind perfekt dafür. Als Grundlage eignet sich neben der Brühe hier eine Dose mit gehackten Tomaten, die man immer im Vorratsschrank haben sollte. Dazu gibt es Gemüsereste, Zwiebeln und Gemüsebrühe, evtl. noch Sojawürfel. Schneller und einfach geht es kaum, außerdem kannst du Suppe in großen Mengen vorkochen und einfrieren.

Pizza

Ich habe früher so gut wie immer Pizza Salami gegessen. Ganz schön langweilig eigentlich! Es geht aber auch anders: Gemüsepizzen sind köstlich und man kann sie sich beliebig zusammenstellen, also ganz nach Lust und Laune variieren. Der Teig (s. Rezeptteil) ist einfach zu machen, darüber eine Tomatensoße aus Dosentomaten, etwas Olivenöl und ein paar italienischen Gewürzen wie Oregano und Thymian, dann schnippelt man ganz nach Belieben Gemüse (Paprika, Artischocken, Zucchini etc.) und Pilze drauf, toppt das ganz nach Geschmack noch mit Räuchertofu und/oder Hefeschmelz (oder einfach nur etwas Olivenöl), und ab in den Ofen damit! Am besten machst du gleich ein ganzes Blech, denn das kostet kaum mehr Zeit, man hat aber auch am nächsten Tag noch das Vergnügen, Pizza schmeckt ja auch kalt gut.

Gemüse-Bratlinge

Verwerte deine Gemüsereste einfach in leckeren Bratlingen, die du dir ganz flott zubereiten kannst. Dazu zarte Haferflocken mit körniger Gemüsebrühe, Semmelbröseln, geraspeltem Gemüse, Zwiebeln oder auch kleingewürfeltem Räuchertofu vermengen. Mit feuchten Händen zu flachen Talern formen und beidseitig anbraten.

Hülsenfrüchte-Bratlinge

Ähnlich lassen sich auf die Schnelle Hülsenfrüchte-Bratlinge entweder als ganze Mahlzeit oder als Beilage zu Gemüse zubereiten. Dazu gekochte Bohnen oder Linsen im Sieb waschen und mit einer Gabel zerdrücken. Feine Haferflocken, geraspeltes Gemüse, gehackte Nüsse und Gewürze nach Wahl dazugeben und alles ordentlich durchmischen. Die Masse sollte feucht sein und ordentlich zusammenkleben. Wenn sie noch zu trocken ist, kannst du auch mit Senf oder Tomatenmark nachhelfen, das gibt einen herzhaften Geschmack. Mit feuchten Händen flache Taler formen und anbraten. Einfach, schnell und beliebig kombinierbar. Ein Rezept brauchst du für solche Bratlinge ganz sicher nicht.

Asiatische Sommerrollen sind günstig und immer wieder schön zu variieren. Die Grundzutaten sind:

- Reispapier
- Reisnudeln
- Koriander
- Salatblätter (z. B. Pak Choy)
- Frische Sojasprossen

Und jetzt munter kombinieren mit:

- Thai-Basilikum
- Möhren (in Streifen geschnitten)
- Salatgurke (ebenfalls in Streifen geschnitten)
- Tofu oder Räuchertofu (gerne kurz anbraten)
- Shiitakepilze
- Avocado
- Paprika
- Mango
- Papaya
- Frühlingszwiebeln

Die Sommerrollen in Sojasoße, Süßsauer-Soße oder eine Erdnusssoße dippen. Erdnusssoße kannst du ganz leicht selber herstellen, in dem du 4 Esslöffel Erdnussbutter, 4 Esslöffel Sojamilch, 2 Esslöffel Chili-Soße und 1 Esslöffel Sojasoße vermengst.

Ganz hervorragend zur Restverwertung eignen sich auch Smoothies und Säfte. Gerade wenn zum Beispiel der Blattspinat nicht mehr so richtig dolle aussieht, kann man ihn noch als Grundlage für einen grünen Smoothie verwenden.

Es gibt noch weitere solcher praktischen Baukastengerichte, doch in erster Linie soll die Aufzählung zeigen, dass man nicht immer nach Rezept kochen muss, sondern danach, was man gerade im Kühlschrank hat. Keine Angst: Du kannst im Prinzip nichts falsch machen (außer vielleicht versalzen). Leg einfach los! Mit der Zeit bekommst du noch ein besseres Gefühl dafür, was gut zueinanderpasst. Auf jeden Fall muss man aus Kochen keine Wissenschaft machen, und Baukausten-Gerichte sparen Zeit und Geld.

Manch einer muss vielleicht auch erst mal lernen, sich von der klassischen Art zu kochen, die man vielleicht noch aus der Kindheit kennt, zu lösen. Bei uns gab es früher zu Hause häufig ein 3-Komponenten-Essen, bestehend aus Fleisch, Kartoffeln und Gemüsebeilage. Nun kannst du natürlich einfach das Fleisch 1:1 durch einen

A grain, a green and a bean		
Getreide	**Grünes Gemüse**	**Hülsenfrüchte**
Vollkorn-Reis	Spinat	Kidneybohnen
Cous-Cous	Mangold	Kichererbsen
Bulgur	Brokkoli	Belugalinsen
Nudeln	Grünkohl	Weiße Bohnen
Hirse	Wirsing	Braune Linsen
Polenta	Pak Choi	Azukibohnen

Fleischersatz austauschen und fertig. Aber dann sind wir wieder bei Ersatzprodukten, und die sollen ja möglichst selten auf den Teller kommen. Die »Dreiteilung« könntest du daher auch einfach ganz anderes interpretieren: Aus dem amerikanischen Raum kommt das Motto »a grain, a green and a bean«, das nichts anderes besagt, als dass man **Getreide, grünes Gemüse und Hülsenfrüchte** sehr schön und fast beliebig kombinieren kann (siehe Tabelle).

Leg einfach los, indem du jeweils ein Getreide, ein grünes Gemüse und eine Hülsenfrucht-Art kombinierst! Das Ganze solltest du natürlich immer mit ein paar Gewürzen krönen, gerne auch mit Samen und Nüssen oder etwas Flüssigkeit wie Öl, Essig oder einer simplen Tomatensoße - sonst wird es unter Umständen arg tro-

cken. Im Rezeptteil findest du diverse leckere Soßen und Dressings, die du dazu kombinieren kannst.

Ein ähnliches, aber etwas erweitertes Konzept verfolgt die folgende Matrix **»Mix and Match«**. Aus dieser kann man ganz nach Lust und Laune Gerichte kombinieren, in dem du jeweils eine Zutat aus jeder Spalte auswählst. Vielleicht treffen nicht alle Kombinationen mitten in dein kulinarisches Herz, aber oftmals wird eine scheinbar wilde Kombination zum absoluten Lieblingsessen.

Ein Hit in den USA ist die sogenannte **»One-Pot-Pasta«**, bei der man alle Zutaten zusammen in einem einzigen Topf kocht. Das ist simpel und stromsparend, weil man nur eine Herdplatte nutzt. Alle Zutaten werden klein geschnitten, zusammen hinein-

Mix and match				
Basis	Gemüse	Protein	Soße	Extras
Nudeln	Spinat	TVP (granuliert)	DIE Tomaten-soße	Mandel-Parmesan
Kartoffeln	Grüne Bohnen	Räuchertofu	Grünes Pesto	Frische Basili-kumblätter
Vollkorn-Reis	Paprika	Naturtofu	Curry-Soße	Ananas
Cous-Cous	Brokkoli	Seitan	Terriyaki-Soße	Frische Chili
Pizzateig	Zucchini	Champignons	Hefeschmelz	Frischer Rucola
Pfannkuchen	Blumenkohl	Weiße Bohnen	Pilz-Rahm-Soße	Scharfe Chili-Soße
Reisnudeln	Pak Choi	Tempeh	Asia-Dressing	Erdnüsse

gegeben und garen gemeinsam. Die Nudeln nehmen so auch das Aroma der anderen Zutaten stärker auf. Im Rezeptteil findest du ein One-Pot-Pasta-Startergericht.

Fazit: Man muss keine Angst vorm Kochen haben. Mangel kann sogar richtig kreativ machen! Wer hat schon Zeit und Lust, täglich nach Rezept zu kochen? Es geht viel einfacher, wenn auch manchmal ein wenig Experimentierfreude vonnöten ist. Mit der Zeit wirst du herausfinden, welche Lebensmittelkombinationen dir besonders gut schmecken.

Es ist erstaunlich, wie vielfältig Gemüse tatsächlich zubereitet und verwendet werden kann. Eine reine Gemüseküche ist alleine schon spannend genug und kommt ohne teure Zutaten aus.

Du kannst Zucchini anbraten, dünsten, frittieren, zum Backofengemüse geben, als Rösti-Zutat nutzen, eine Suppe daraus kochen, sie mit Tofu oder anderem Gemüse füllen oder (roh oder angebraten) als Salatzutat verwenden - um nur mal ein Beispiel herauszupicken. Entdecke die Möglichkeiten! Brokkoli und Blumenkohl können durchaus roh verzehrt werden, wirken dann aber stark blähend, sodass viele Menschen diese Gemüsesorten grundsätzlich nur gekocht zu sich nehmen.

Gemüse-Alleskönner-Matrix								
	Kartoffeln	Zucchini	Karotten	Kürbis	Aubergine	Paprika	Blumenkohl	Brokkoli
gekocht	×	×	×				×	×
gebraten	×	×	×	×	×	×	×	×
gedämpft	×	×	×	×			×	×
frittiert	×	×	×	×	×	×	×	×
Im Backofen	×	×	×	×	×	×	×	
Als Antipasti		×	×	×	×	×	×	×
Rösti/Puffer	×	×	×	×				
Suppe	×	×	×	×		×	×	×
Gefüllt	×	×		×	×	×		
Salat	×	×	×			×	×	×
Roh		×	×			×	(×)	(×)
im Auflauf	×	×	×	×	×		×	×

Das Motto ist ganz simpel: Fang an, in der Küche kreativ zu werden! Diese Zeitinvestition zahlt sich in jedem Fall aus. Wenn du mal etwas Komplizierteres nach Rezept kochen möchtest: Warum nicht, man lernt ja auch einiges dabei. Aber wenn du günstig vegan kochen möchtest, setze auf einfache Gerichte mit möglichst wenigen Zutaten, die man immer wieder nach Lust und Laune variieren kann. Im Rezeptteil findest du einige Anregungen, mehr brauchst du im Prinzip nicht, alles andere kommt von ganz alleine. Lass statt eines Kochbuches lieber öfter deinen Kühlschrank und deinen Vorratsschrank entscheiden, was auf den Teller kommt. So verhinderst du nicht zuletzt auch das Wegwerfen von Lebensmittelresten.

Zunächst mal solltest du Essensreste immer komplett abkühlen lassen, bevor du sie in den Kühlschrank gibst – denn sonst hat der Kühlschrank noch mehr zu tun. Möchtest du das Essen am nächsten Tag noch mal aufwärmen oder kalt essen, decke es einfach mit einer Folie oder einem Teller ab oder bewahre es gleich in einer geeigneten Dose auf. Was aber macht man mit einzelnen Lebensmitteln, die übrig sind, wie Kartoffeln, Brot oder Salat? **Mithilfe von Smartphone-Apps oder unter Chefkoch.de kannst du übrig gebliebenen Zutaten angeben, und bekommst Rezeptvorschläge geliefert.** Bei Chefkoch gibt es sogar ein eigenes Resteverwertungs-Forum (alle Links im Anhang). Brot kann man beispielsweise zu Suppen-Croûtons verarbeiten, zu Paniermehl reiben, in Semmelknödeln verwenden, eine Brotsuppe kochen, dem Teig für ein neues Brot untermischen, in einer Gazpacho als Zutat verwenden und, und, und. Übrig gebliebene Kartoffeln kann man als Grundlage für einen Kartoffelsalat verwenden, für eine Kartoffelsuppe, Kartoffelpuffer, Kartoffelpüree, zu Auflauf, Pommes oder Knödeln verarbeiten und sogar gekocht in Aufstrichen verwenden. Restnudeln verwendest du einfach in einem schnellen Nudelsalat, einer Gemüsepfanne oder als Suppeneinlage. Ansonsten helfen die schon vorgestellten Baukasten-Gerichte ganz hervorragend dabei, alle möglichen Reste weiter zu verwerten.

DIE RICHTIGE LAGERUNG SPART GELD

Was machst du, wenn du in der Obst- und Gemüseabteilung zu kräftig zugeschlagen hast und nun befürchtest, einiges könnte schlecht werden? Du könntest dann **Obst und Gemüse in den Kühlschrank packen,** denn bei kühlen Temperaturen vermehren sich Bakterien und Pilze deutlich langsamer. **Der Nachteil hierbei ist, dass sich nicht jedes Obst bzw. Gemüse im Kühlschrank wohlfühlt.** Südfrüchte kommen aus warmen Regionen, und bei einer Lagerung bei niedrigen Temperaturen muss man in der Regel Geschmackseinbußen in Kauf nehmen. Einheimische Obstsorten wie Äpfel oder Quitten sind weniger empfindlich und lassen sich durchaus im Kühlschrank lagern, besser aber wäre eine kühle Speisekammer, falls vorhanden. Wichtig ist auch, Früchte, die Reifegase abgeben (z. B. Äpfel, Birnen oder Pflaumen) immer separat zu lagern, da die austretenden Gase daneben liegende Früchte schneller reifen lassen. Was natürlich auch mal gewünscht sein kann, wenn die gekaufte Avocado doch noch etwas arg fest ist.

Ähnliches gilt für Gemüse: Solches aus wärmeren Gefilden gehört eigentlich nicht in den Kühlschrank, beispielsweise Tomaten, Auberginen, Zucchini oder Kürbis. Drohen sie zu verderben, kann man zur Not aber durch die Lagerung im Gemüsefach des Kühlschranks Schlimmeres verhindern. Gemüsesorten wie Blattsalat, Erbsen, Stangenbohnen oder auch Kräuter darf man ruhigen Gewissens im Gemüsefach aufbewahren.

Einfrieren schützt besser vor Vitaminverlust, denn Eingefrorenes ist sehr lange haltbar, und man kann fast alles einfrieren. Du brauchst allerdings ein richtiges Tiefkühlfach, ein Eiswürfelfach reicht nicht. Brot lässt sich beispielsweise hervorragend einfrieren und nach Bedarf entnehmen. Fast jede Gemüsesorte und auch Kräuter können sich mit

dem Tiefkühlfach anfreunden, außer z. B. Salat, Kartoffeln, Zwiebeln und Knoblauch oder Tomaten. Am besten schneidest du das Gemüse klein, garst es kurz in Salzwasser (»Blanchieren«), schreckst es mit kaltem Wasser ab und portionierst es gleich in geeigneten Behältern oder Gefrierbeuteln. Kräuter nur kurz abspülen, klein hacken und in Gefrierbeuteln einfrieren. Man kann auch Kräuter klein hacken, in Eiswürfelbehälter geben und mit Wasser auffüllen.

Was wird wo am besten gelagert	
Kühlschrank	**Gemüsefach**
(Offene) Pflanzendrinks	Pilze
Aufstriche und Aufschnitt	Blattgemüse
	Kräuterbünde
Mayonnaise, Ketchup, Senf	Salate
Dressings	Busch- und Stangenbohnen
Tofu, Tempeh, Seitan	Zuckerschoten und Erbsen
Sojajoghurt	Wurzelgemüse
Tomatenmark	Blumenkohl
Margarine	Spargel
Angebrochenes Nussmus	Obst nur dann, wenn es ein paar Tage länger haltbar sein soll
Angebrochene Kokosmilch	Fruchtgemüse aus warmen Regionen (Gurken, Paprika, Zucchini, Auberginen), falls sie drohen, schlecht zu werden
Speisereste und Vorgekochtes für den nächsten Tag (abgekühlt)	

Gefrierfach	Trocken, dunkel und kühl gelagert	Obstschale & Fensterbank	Immer griffbereit
TK-Gemüse	Kartoffeln	Steinobst wie Kirschen, Zwetschgen, Pfirsiche, Pflaumen, Mirabellen, Nektarinen etc.	Essig
TK-Obst	Knoblauch		Öl
TK-Kräuter	Zwiebeln		Rohrohrzucker
Aufbackbrötchen	Äpfel (separat lagern), Birnen, Quitten	Exotische Früchte	Agavendicksaft
Bananen und anderes Obst für die Herstellung von Eis oder Smoothies (klein geschnitten)	Zitrusfrüchte	Avocados	Gewürze
	Nudeln	Tomaten	Sojasauce
Frische Beeren bei einer Lagerung von mehr als 1 Tag	Reis	Fruchtgemüse aus warmen Regionen wie (Gurken, Paprika, Zucchini, Auberginen) bei Lagerung von weniger als 2 Tagen	
	Konserven	Frische Kräuter im Topf	

Obst kann auch eingefroren werden, gerade aber sehr wasserhaltiges Obst ist nach dem Auftauen ziemlich matschig. Für Smoothies oder Eis ist das aber völlig okay. Du solltest Obst vor dem Einfrieren waschen und klein schneiden, evtl. entkernen.

Das Wichtigste passiert aber eigentlich schon vorher beim Einkauf. Überlege dir immer gut, wie viel du tatsächlich in den nächsten Tagen verbrauchen kannst. Viele Obst- und Gemüsesorten halten sich nur wenige Tage und verlieren sehr schnell ihren Vitamingehalt. Deswegen ist es wichtig, bereits beim Einkauf genauer hinzuschauen: Der Salat sollte frisch und nicht welk aussehen, Salatgurken sollten eine gewisse Festigkeit besitzen, Südfrüchte schon reif sein. Es gibt einige Tricks, den richtigen Reifegrad festzustellen. Wassermelonen sollten beispielsweise hohl klingen, wenn man an ihnen klopft, Avocados leicht eindrückbar sein (aber auch nicht zu leicht), Schnittstellen und Stiele geben ebenfalls Aufschluss darüber, ob das Obst schon essbar ist. Wichtig ist auch, dass du möglichst schnell das nicht benötigte Blattgrün oder überflüssige Stiele entfernst, da diese dem Obst und Gemüse wertvolle Nährstoffe entziehen. Möhren- oder Radieschengrün beispielsweise kannst du super mit in Smoothies geben.

Naturtofu hält sich geöffnet nur wenige Tage. Am besten lagert man ihn in einer Schüssel mit Wasser im Kühlschrank, das Wasser sollte man täglich erneuern. Riecht der Tofu unangenehm, sollte er entsorgt werden. Räuchertofu hingegen stets in Folie eingepackt im Kühlschrank lagern. Einfrieren kann man Tofu durchaus, nach dem Auftauen ist die Konsistenz allerdings recht bröckelig. Tempeh und Seitan lagert man wie Räuchertofu, selbst gemachten Seitan am besten in der beim Kochen verwendeten Brühe. Seitan und Tempeh kann man problemlos einfrieren.

Sich mit der richtigen Lagerung von Lebensmitteln zu beschäftigen lohnt sich wirklich, denn mit ein wenig Know-How wirft man weniger weg und verschwendet somit kein Geld. Besonders Blattsalat, Zucchini, Tomaten, Kohlrabi und Bohnen müssen schnell verzehrt werden, während Karotten, Zwiebeln und Kürbisse wochenlang haltbar sind - jedes Gemüse und Obst ist daher anders zu behandeln (siehe Überblick auf Seite 79). Wem das alles zu kompliziert ist, der sollte bei der Anschaffung eines neuen Kühlschranks auf Systeme wie z. B. »BioFresh« achten, in denen Gemüse & Co. deutlich länger frisch bleiben.

WEITERE SPARTIPPS

Du brauchst nicht jedes Küchengerät dieser Welt

Es gibt unglaublich viele Küchengeräte und Küchenutensilien zu kaufen, und jedes Teil scheint seine Berechtigung zu haben - glaubt man den Werbetexten. Aber braucht man wirklich für jeden Griff in der Küche ein eigenes Gerät oder Instrument? Die wichtigste Ausstattung ist ein kleines Set an guten Messern und ein großes Schneidebrett. Ich habe im Asialaden mein Lieblingsmesser gekauft, und das hat mich gerade mal 3 Euro gekostet! Eine Knoblauchpresse gibt es bei mir beispielsweise nicht, ich benutze auch hier einfach ein Messer, um Knoblauch klein zu würfeln.

Gerade in der veganen Szene sind Geräte wie Hochleistungsmixer, Slow-Juice-Entsafter oder Dörrgeräte total angesagt. Klar sind solche Geräte toll und oft auch ihr Geld wirklich wert. Ein Profi-Hochleistungsmixer kann aber auch schnell mal über 700 Euro kosten. Du kannst auch für deutlich weniger Geld (ab rund 200 Euro) ganz ordentliche Mixer kaufen, auch wenn diese verständlicherweise nicht die Leistung der Profigeräte bringen. Oder schau einmal, ob du einen gebrauchten Hochleistungsmixer über eBay & co. ersteigern kannst, in der Regel sind die Geräte recht unverwüstlich. Man sollte eine solch große Anschaffung letztlich vor allem als Investition in die eigene Gesundheit betrachten. Ein richtig guter Mixer erweitert außerdem deine Möglichkeiten in der Küche immens und spart viel Zeit.

Ob du wirklich noch einen Entsafter brauchst, wenn du schon einen Mixer hast, oder ein Dörrgerät sich tatsächlich rechnet, das musst du am Ende selbst entscheiden. Ich möchte dir aber empfehlen, dich nicht so einfach verführen zu lassen. Investiere lieber in die wirklich wichtigen Geräte, anstatt dir die Küche mit Sachen voll zu stellen, die du selten oder die nie benutzt.

Große Mengen kochen und einfrieren

Schon wieder eine halbe Dose Kokosmilch übrig und du weißt nicht, was du damit in den nächsten Tagen tun sollst? Viele Rezepte erfordern nur eine halbe Dose einer bestimmten Zutat. Was hilft hier? Rezept verdoppeln und einfrieren! Suppen lassen sich beispielsweise ganz hervorragend einfrieren, aber auch Kuchen, Soßen, Aufläufe kann man problemlos einfrieren, auch einzelne Komponenten wie Hülsenfrüchte, Backwaren, Obst oder Kräuter. Du kannst zum Beispiel gleich größere Mengen an günstigen Trocken-Linsen oder Trocken-Kicherbsen kochen und den Teil, den du nicht benötigst, einfrieren. So hat man jederzeit vorgekochte Hülsenfrüchte zur Hand.

Gut geplant ist halb gespart

Einen Kochplan für die Woche aufzustellen ist zwar zunächst mal etwas aufwändiger als jeden Tag spontan zu überlegen, was man kocht, im Endeffekt aber deutlich effizienter und kostensparender. Plane so, dass du möglichst häufig bestimmte Komponenten für den nächsten Tag gleich

Strom sparen

Kochen benötigt Strom oder Gas, logo. Aber auch beim Kochen kann man durchaus noch Geld sparen:

- *Benutze passende Deckel, damit Energie nicht unnötig verdampft.*
- *Die Töpfe sollten ruhig etwas größer sein als die Herdplatte, keinesfalls kleiner.*
- *Schalte die Platte früher aus, wenn du einen Elektroherd nutzt, denn mit der Restwärme kann man noch eine Weile kochen.*
- *Benutze wenig Wasser, gerade soviel, dass die Lebensmittel bedeckt sind. Überschüssiges Wasser wird ansonsten mit größerem Energieaufwand unnötig zum Kochen gebracht.*
- *Schnellkochtöpfe sparen Energie.*
- *Den Backofen brauchst du nicht unbedingt vorheizen, nutze die Hitze von Anfang an und behalte das Essen im Auge.*
- *Öffne die Backofentür möglichst selten und möglichst kurz.*

mitkochst, also gleich größere Mengen Kartoffeln, Hülsenfrüchte oder Reis beispielsweise. Plane also mögliche Reste gleich für die nächste Mahlzeit mit ein.

Selber herstellen statt kaufen

Richtig lecker und noch abwechslungsreicher werden Gerichte erst mit einer köstlichen Soße oder einem leckeren Dressing. Soßen und Dressings selber zu machen, ist überhaupt kein Problem. Zu Fertigprodukten muss man ganz sicher nicht greifen, denn die sind natürlich teurer als selbst gemachte Soßen. Das Gleiche gilt auch für Pflanzendrinks. Die sind inzwischen relativ erschwinglich, angefangen bei ca. 1 Euro für einen Soja- oder Reisdrink. Nussdrinks sind allerdings noch immer deutlich teurer. Pflanzendrinks kann man aber zum Glück auch einfach und supergünstig selbst herstellen - so kostet 1 Liter Haferdrink um die 20 Cent statt 1,50 Euro. Extrem ist auch die Preisspanne bei Seitan, der im Laden ziemlich teuer ist. Selbst gemacht aber kostet Seitan fast nichts, und die Herstellung ist nicht sonderlich aufwändig. Und für den Preis eines kleinen Gläschens veganer Mayonnaise kannst du dir literweise Mayo selbst herstellen.

Man kann definitiv richtig viel Geld sparen, wenn man also Dressings, Soßen, Mayo, Seitan, Pflanzendrinks und -sahne, Aufstriche oder Käseersatz selber herstellt. Auf den folgenden Seiten findest du eine ganze Reihe von Basic-Rezepten, die dir helfen, deinen Geldbeutel zu entlasten. Im Anschluss an die Basic-Rezepte findest du noch weitere Rezepte für einfache Gerichte, die auf günstigen Grundnahrungsmitteln wie Reis, Nudeln, Kartoffeln, Teig etc. basieren.

FAZIT

Sich gesund und vegan zu ernähren muss wirklich nicht zwangsläufig auch teuer sein! Vor allem dann, wenn du wohl überlegt und gut geplant einkaufst, in erster Linie mit günstigen Grundnahrungsmitteln kochst und gleichzeitig auf Ersatz- und Fertigprodukte verzichtest, die nicht nur teuer, sondern nicht selten auch ziemlich ungesund sind. Viele Produkte kann man selbst herstellen, anstatt fertige Produkte im Laden zu kaufen. Das dauert selbstverständlich länger und ist mehr oder weniger aufwändig, aber die Zeit-Investition lohnt sich durchaus - nicht nur weil du deinen Geldbeutel entlastet, sondern auch, weil du selbst Gemachtes vermutlich viel mehr zu schätzen weißt als Gekauftes.

Eine gesunde vegane Ernährung muss und sollte auch überhaupt nicht auf exotischen Superfoods, rohköstlichem Bio-Nussmus und teuren Ersatzprodukten basieren, sondern besser auf gesunden (und netterweise günstigen) Grundnahrungsmitteln wie Getreide, Gemüse, Obst und Hülsenfrüchten. Wer dabei möglichst viel Abwechslung auf den Teller bringt, wird auch ohne Superfoods keinen Nährstoffmangel erleiden - auch wenn einem das die Superfoodshersteller natürlich ganz gerne einreden wollen.

Nicht verunsichern lassen: Man findet tatsächlich in jedem Discounter alles, was man wirklich braucht. Alles andere ist letztlich purer Luxus. Und ob man sich den leisten kann oder will, muss am Ende des Tages jeder für sich selbst entscheiden. Ein viel größerer (und bezahlbarer) Luxus kann doch auch darin liegen, gesunde und leckere vegane Gerichte selber zu kochen.

Viel Spaß beim Kochen und Sparen!

REZEPTE
»VEGAN,
ABER
GÜNSTIG«

GRUNDREZEPTE

DRESSINGS, SOßEN, DIPS UND AUFSTRICHE

Ein Wort vorweg: Wir alle haben sie und meist schieben wir sie einfach weiter nach hinten in die Untiefen unseres Kühlschranks: die Gläserleichen. Zu viel Inhalt, um sie wegzuwerfen, zu wenig, um wirklich was mit ihnen anfangen zu können. Eine einzelne Gewürzgurke, zwei getrocknete Tomaten, Senf- und Pestoreste. Diese Reste sind oftmals eine wunderbare Grundlage für ein Dressing. Die einzelne Gurke mit Gurkensud, Senf (vielleicht auch ein Rest?) und Pflanzenöl püriert macht sich super als Dressing für Kartoffelsalat, Pesto- und Senfgläser lassen sich mitsamt Resten zum Shaker umfunktionieren. Einfach weitere Flüssigkeit einfüllen und dann: Shake it, baby! Grünes Pesto mit neutraler Pflanzenmilch geschüttelt ergibt auch eine schöne Würze für alle Cremesoßen, die einen italienischen Touch gebrauchen können - Gleiches gilt für einsame Oliven. Probiert es aus! Leere Gläser ausspülen und zum Einmachen aufbewahren!

Falls nicht anders angegeben, reichen die Mengen in den Kategorien »Dips, Dressings und Aufstriche« jeweils für ein kleines Glas, die Soßen für eine 2-Personen-Portion.

DRESSINGS

Klassische Vinaigrette

Um eine klassische Vinaigrette herzustellen, mixt man einen Teil Essig oder Zitronensaft zunächst mit Salz, bis sich dieses aufgelöst hat und anschließend mit drei Teilen Öl. Wichtig ist, dass zum Mischen ein Schneebesen verwendet wird, damit man Öl und Säuerungsmittel zu einer Emulsion verarbeiten kann. Auch in einem kleinen Mixer oder mit dem Pürierstab gelingt das perfekt. Die Vinaigrette ist gelb und hat eine sämige Konsistenz. Anschließend kann man sie mit frischem Pfeffer und Kräutern nach Belieben abschmecken.

Wer es nicht ganz so ölig mag, kann auch im Verhältnis 1:2 mischen. Hier ein Rezept für die »Allzweckwaffe« aller Italienfans:

Balsamico-Vinaigrette

Zutaten

- *100 ml Olivenöl (in dem Fall tatsächlich mal wichtig)*
- *50 ml Balsamico-Essig*
- *1 EL Wasser*
- *1 Prise Zucker*
- *Pfeffer und Salz*

Vinaigrette schmeckt zu allen Blattsalaten, aber auch über gedünstetem Gemüse, gekochtem Getreide oder zu Bratkartoffeln.

Senf-Dressing

Zutaten

- *3 EL Öl*
- *2 EL weißer Essig*
- *1 EL Orangesaft*
- *1 EL Senf*
- *1 Knoblauchzehe, abgezogen und gepresst*
- *1 TL flüssiges Süßungsmittel (Agavendicksaft, alternativ: Zucker)*
- *Salz und Pfeffer*

Zubereitung

Alle Zutaten mit einem Schneebesen zu einer glatten Emulsion vermischen. Ähnlich wie die Vinaigrette sollte die Senfsoße sämig und gelb sein.

Tipp: Dieses Dressing ist hervorragend für Kartoffelsalat. Wenn man noch Pellkartoffeln vom Vortag und ein paar frische Kräuter hat, ist das Gericht im Handumdrehen fertig. Passt auch wunderbar zu allen herberen Salatsorten sowie Kombinationen aus Salat und Obst. Besonders lecker ist diese Soße aber auch in Kombination mit Dill und Schmorgurken oder über gebratenem Fenchel.

Joghurt-Dressing

Zutaten

- *150 ml Sojajoghurt (ungesüßt. Achtung: Sojajoghurt »Natur« ist nicht immer ungesüßt. Unbedingt auf die Zutatenliste schauen, sonst schmeckt das Ergebnis ... nun ja.)*
- *1 EL weißer Essig*
- *1 EL Wasser*
- *1 EL Senf*
- *Bei Bedarf etwas Zucker*
- *Salz und Pfeffer*
- *1 TL Knoblauchgranulat*
- *1 TL Zwiebelgranulat*
- *Kräuter nach Belieben*

Dieses Dressing passt zu jedem Salat und kommt bei mir immer dann zum Einsatz, wenn ich mal keine Lust auf die klassische Vinaigrette habe. Möchte man einen Gurkensalat machen, einfach Dill unterziehen.

Sojajoghurt wird auch ganz leicht zu Quark, wenn man ihn über Nacht durch einen Nussbeutel, Wäschebeutel oder ein sauberes Küchentuch abtropfen lässt. Mit Knoblauch und Salatgurke wird daraus schnell Tsatsiki, mit Tiefkühlkräutern ein klassischer Kräuterquark. Beides passt sehr gut zu Ofengemüse und Kartoffeln aller Art.

Mayo und Aioli

Zutaten

- *50 ml Sojadrink, gekühlt (das ist hier wichtig, weil wir das Eiweiß aus der Sojabohne brauchen; mit anderen Pflanzendrinks funktioniert das Rezept nicht)*
- *½ TL weißer Essig (Weinessig, kein Obstessig)*
- *½ TL Senf*
- *½ TL Salz*
- *½ TL Kurkuma (optional, für die Farbe)*
- *100 ml Rapsöl oder ein anderes neutrales Pflanzenöl*

Zubereitung

1. Sojamilch mit Essig, Senf und Salz in ein hohes Gefäß, z. B. einen Messbecher geben. Mit einem Pürierstab (oder im Mixer; wer einen starken Arm hat, nimmt einen Schneebesen) kräftig durchmixen (am besten, bis es schäumt, dann ist die Herstellung der Mayo gleich einfacher).

2. Bei laufendem Pürierstab (Mixer oder unter Rühren) nun langsam und gleichmäßig das Öl in das Gefäß laufen lassen, bis die Masse zu einer Mayo eindickt. Mit Kurkuma einfärben.

Tipps: Gibt man eine oder zwei zerdrückte Knoblauchzehen hinzu, hat man eine astreine Aioli. Mayo und Aioli schmecken super zu Kartoffeln aller Art, sind aber auch als Basis für kreative Salatdressings gut zu gebrauchen.

Kombiniert man Mayo mit klein geschnittenen Gewürzgurken, Petersilie und Estragon hat man eine wunderbare Remoulade, die sehr gut zu paniertem Tofu oder Schnitzeln schmeckt. Rührt man zerdrückte Kichererbsen unter die Remoulade, erhält man einen »Eiersalat«, der auch wunderbar auf einem Brot oder Sandwich gegessen werden kann. Die Möglichkeiten sind endlos.

Asia-Dressing

Man könnte es auch mein »Ich mache es ständig«-Dressing nennen. Ich liebe es und kippe es beinahe über alles, was irgendwie asiatisch aussieht. Die Zutaten unbedingt im Asia-Laden kaufen, dort kosten sie ein Bruchteil von dem, was sie im normalen Supermarkt kosten und sind zudem aromatischer. Es lohnt sich!

Zutaten

- *2 EL Sesamöl (geröstet, aus dem Asia-Laden)*
- *2 EL Reisessig (alternativ geht auch ein anderer, leichter weißer Essig)*
- *4 EL Sojasoße*
- *1 TL Chilisoße (z. B. Sri-Racha, aus dem Asia-Laden)*

Zubereitung

Im Mixer oder mit einem Schneebesen zu einer glatten Soße verarbeiten.

Tipp: Zutaten, die bei mir regelmäßig in dieser Soße noch zum Einsatz kommen, sind Mirin, Knoblauch, Limettensaft und (ganz oft) Erdnussbutter. In Kombination mit gekochten Glasnudeln, Gurken und frischen Kräutern wie Koriander schmeckt es gleich wie im Restaurant. Dazu passt nicht nur gebratener Tofu, Chinakohl oder frischer Pak Choi - auch über einem Salat aus Gurke und Wassermelone macht das Dressing eine gute Figur.

Cremiges Linsen-Dressing

Wer auf seine Linie achten muss, aber trotzdem oftmals Lust auf Salat mit cremigem Dressing hat, für den sind Linsen die richtige Wahl. Sie verleihen der Soße Cremigkeit, ohne dick zu machen.

Zutaten

- *3 EL gekochte Linsen aus dem Glas*
- *3 EL Wasser*
- *2 EL Balsamico-Essig*
- *1 TL Senf*
- *Zucker nach Belieben*
- *Pfeffer und Salz*

Zubereitung

Alle Zutaten mit einem Pürierstab oder im Mixer zu einem glatten Dressing verarbeiten, bei Bedarf mit Wasser oder Linsen die Konsistenz justieren und nach Belieben abschmecken. Mit Sesam und Zitronensaft ist das Dressing ideal für Couscous oder Bulgur, es passt aber auch gut zu Blattsalaten oder einem »Restesalat« aus Gurken, Paprika, Mais oder was sonst noch so im Kühlschrank vereinsamen kann.

Balsamico-Reduktion

Ja, ich weiß. Dieses unnütze Zeug, mit dem die Tellerränder der Republik totdekoriert werden. Aber über Blattsalaten oder auch frischen Erdbeeren ist Balsamico-Reduktion unschlagbar. Und wenn man mal die Eltern bekocht, kann man sie ja auch selbst mal zum Dekorieren verwenden. Selbst gemacht ist sie überhaupt nicht teuer.

Zutaten

- *500 ml Traubensaft, rot*
- *500 ml Rotwein, trocken*
- *500 ml Balsamico-Essig*

Zubereitung

Alles zusammen in einen beschichteten Topf geben und aufkochen. Danach die Hitze herunterdrehen und ohne Deckel auf 1/3 der Flüssigkeit einkochen lassen. In einem ausgekochten Glas mit Schraubdeckel hält sich die Reduktion im Kühlschrank mehrere Wochen.

SOSSEN

Die »all time favourite geht eigentlich immer«- Tomatensoße

Zutaten

- 1 kleine Zwiebel
- 1 Knoblauchzehe
- 1 Dose Tomaten (stückig)
- 2 EL Tomatenmark
- 2 TL Oregano, getrocknet
- 1 TL Thymian, getrocknet
- Salz und Pfeffer nach Belieben
- 1 TL Olivenöl zum Anbraten

Zubereitung

Olivenöl in einer Pfanne oder einem Topf erhitzen, Zwiebel und Knoblauch abziehen, hacken und in der Pfanne anschwitzen, bis die Würfel glasig sind. Tomaten und Tomatenmark dazugeben, umrühren und aufkochen. Mit Kräutern und Gewürzen abschmecken. Bei mir landen regelmäßig Chili, Kapern und Oliven in der Soße, aber auch der letzte Schluck Rotwein vom Vorabend oder ein Schuss Balsamico eignen sich zur Abrundung. Besonders lecker wird die Soße, wenn man am Ende noch frische Basilikumblätter unterrührt. Passt natürlich zu Pasta aller Art, kann aber auch gut in Aufläufen oder Gemüsepfannen zum Einsatz gebracht werden.

Klassisches grünes Pesto genovese

Zutaten

- 1 Topf Basilikum, gezupft
- 120 ml Olivenöl
- 1 Knoblauchzehe, abgezogen
- 30 g Pinienkerne, geröstet (günstiger sind geschälte Mandeln)
- 6 EL Hefeflocken

Zubereitung

Alles zusammen im Mixer zu einem glatten Pesto verarbeiten. In einem luftdicht geschlossenen Glas im Kühlschrank aufbewahren.

Tipp: Hat man einen Rest Pesto, so kann man ihn auch gut als Grundlage für eine schnelle Pastasoße oder ein Salatdressing nehmen. Das Pestoglas fungiert gleichzeitig auch noch als Shaker. Für die Pasta-Soße fülle ich gerne noch 3 EL Hefeflocken und ungesüßten Pflanzendrink mit in das Glas und schüttele kräftig. Ein Salatdressing wird daraus, wenn man Öl, Wasser und Essig hinzugibt. So wird nicht das kleinste bisschen Pesto verschwendet!

Blitzschnelle Curry-Soße

Um ein richtig gutes Curry herzustellen, kann man natürlich eine Dose Kokosmilch mit Currypaste aus dem Asialaden kombinieren und es schmeckt wie in einem thailändischen Restaurant. Doch manchmal hat man beides nicht zur Hand oder schlicht nicht das Geld, die Zutaten zu kaufen. Dann klappt es auch gut mit dieser günstigen Alternative.

Zutaten
- *1 kleine Zwiebel*
- *300 ml ungesüßter Pflanzendrink (Soja oder Hafer)*
- *2-3 TL Curry-Pulver (Masala-Curry)*
- *1 Spritzer Zitronen- oder Limettensaft*
- *Salz*
- *Neutrales Pflanzenöl zum Anbraten*

Zubereitung
Zwiebel abziehen, würfeln und in einer Pfanne mit Öl glasig dünsten. Mit Pflanzendrink ablöschen und das Currypulver einrühren. Zitronensaft hinzugeben und unter Rühren mit einem Schneebesen aufkochen lassen. Mit Salz und evtl. mehr Currypulver abschmecken. Bei Bedarf mit etwas Speisestärke andicken. Passt perfekt zu Wokgemüse mit Reis und Tofu. Mit ein bisschen Dosenananas wird das Ganze noch einen Tick exotischer!

Bechamelsoße bzw. Hefeschmelz

Zutaten
- *4 EL vegane Margarine*
- *125 ml Gemüsebrühe*
- *125 ml Pflanzendrink, ungesüßt (am besten Soja oder Hafer, keinen Mandel- oder Nussdrink)*
- *3 EL Mehl*
- *8 EL Hefeflocken (nur bei Hefeschmelz)*
- *1 EL Senf, mittelscharf*

Zubereitung
1. In einem kleinen Topf Margarine zum Schmelzen bringen. Mehl in den Topf stäuben und anschwitzen, bis es leicht angebräunt ist und zusammenklumpt. Gemüsebrühe und Pflanzendrink verrühren.
2. Mit Flüssigkeit aufgießen und mit einem Schneebesen so gründlich verrühren, dass keine Klümpchen mehr zu sehen sind. Unter ständigem Rühren aufkochen. Wenn die Masse eingedickt ist, ggf. Hefeflocken und Senf unterziehen und mit Salz und Pfeffer würzen.

Tipp: Beide Soßen passen sehr gut zu Kartoffeln und eignen sich gut in Aufläufen und zum Gratinieren. Der Hefeschmelz ist ein guter Käseersatz auf Pizza und Lasagne. Mit Knoblauch, Cayennepfeffer, evtl. Weißwein und noch etwas mehr Hefeflocken wird er zu einer sehr leckeren »Käse«-Pastasoße. Mit etwas Kurkuma wird er kalt zum Dip für Nachos.

Pilz-Rahm-Soße

Zutaten
- 1 kleine Zwiebel
- 1 Knoblauchzehe
- 250 g braune Champignons
- 2 EL Mehl
- 300 ml Sojadrink, ungesüßt
- 1 TL Senf (mittelscharf oder körnig)
- ½ TL Paprikapulver, edelsüß
- ½ TL Knoblauchgranulat
- Salz
- Frischer Pfeffer aus der Mühle
- Petersilie (frisch oder TK, aber nicht getrocknet)
- 1 Spritzer Zitronensaft (optional)
- Neutrales Pflanzenöl zum Anbraten

Zubereitung
1. Zwiebel und Knoblauch abziehen und fein hacken. Champignons putzen und in Scheiben schneiden.
2. In einer großen Pfanne Öl erhitzen, Knoblauch und Zwiebel darin glasig dünsten. Die Champignons hinzugeben und mitdünsten, bis sie Flüssigkeit abgeben. Mit Mehl bestäuben und dieses kurz anschwitzen. Mit Sojadrink ablöschen und unter beständigem Rühren (hier am besten zum Schneebesen wechseln) aufkochen.
3. Danach die Hitze reduzieren und mit Senf, Paprikapulver, Knoblauchgranulat, Pfeffer und Salz würzen und mit Zitrone und Petersilie verfeinern.

Schmeckt auf Nudeln oder Spätzle, über Rösti, Kartoffeln, Semmelknödeln oder als Füllung im Pfannkuchen.

Teriyaki-Soße

Zutaten
- 120 ml Orangensaft
- 3 EL Zitronensaft
- 2 Knoblauchzehen, fein gehackt
- Ein daumengroßes Stück Ingwer, fein gehackt
- 50 ml Sojasoße
- 250 ml Wasser
- 4 EL Zucker
- 2 EL Speisestärke

Zubereitung
Alles zusammen mit einem Schneebesen glatt rühren und aufkochen. Hitze reduzieren und 5-10 Minuten köcheln lassen, bis die Soße schön eingedickt ist.

Tipp: Ein Traum ist sie über gebratenen Mie- oder Sobanudeln mit Gemüse, passt aber auch gut zu allen asiatischen Wok-Gerichten.

Vanillesoße

Zutaten
- 250 ml Sojadrink (gerne mit Vanillegeschmack)
- 15 g Zucker
- 1 TL Vanille (alternativ statt Zucker und Vanille, da günstiger: 2 Pk Vanillezucker)
- 10 g Speisestärke
- 1 Msp. Kurkuma

Zubereitung
1. 200 ml Sojadrink mit Zucker, Vanille und Kurkuma aufkochen. Speise-

stärke mit restlichem Sojadrink glatt rühren und unter Rühren in das heiße Gemisch laufen lassen.

2. Aufkochen und eindicken lassen.

3. Abkühlen lassen und mit Pfannkuchen, Apfelküchlein oder armen Rittern genießen. Macht auch aus schlichtem Obstsalat ein amtliches Dessert.

AUFSTRICHE

Marmelade

Die EG und ihre Konfitürenverordnung sind der Meinung, »Marmelade« sei nur etwas, das aus Zitrusfrüchten hergestellt wird (zu verdanken haben wir das den Briten und ihrer Orangen-Marmelade. Die war nämlich zuerst da). Ich finde, Marmelade ist alles, was aus Früchten und Zucker gekocht wird und sich gut auf einem Frühstücksbrot macht.

Das am häufigsten anzutreffende Verhältnis von Früchten zu Gelierzucker beträgt hier 2:1, also kommen 500 g Gelierzucker auf 1 kg Früchte. Mittlerweile gibt es auch Gelierzucker, der ein Verhältnis 3:1 zulässt. Einfach schauen, ob man es besonders süß mag, oder nicht.

Mein Tipp ist, die Früchte immer zunächst vorsichtig mit einer kleinen Menge Zitronensaft im Topf zu erhitzen, bis sie ordentlich Saft abgeben und ein bisschen in sich zusammenfallen. Erst dann den Zucker zu den Früchten geben und aufkochen. So lange köcheln lassen, bis die Marmelade die gewünschte Konsistenz erreicht hat. Sofort in sterile Schraubgläser füllen und diese auf den Kopf stellen, damit die Gläser Vakuum ziehen können. Vollständig auskühlen lassen.

Es können auch verschiedene Früchte miteinander oder mit Gewürzen und Alkohol kombiniert werden. Meine Lieblinge hierbei sind:

- *Erdbeer-Rhabarber*
- *Kirsch-Vanille-Rum oder Kirsch-Glühweingewürz-Rum (hübsch verpackt gibt diese Marmelade auch ein tolles Weihnachtsgeschenk ab)*
- *Pflaume-Zimt*
- *Himbeer-Brombeer*

Tomatenchutney

Chutney ist eine würzige Soße aus der indischen Küche und mir zwar spät, dafür aber umso fester ans Herz gewachsen. Sie ähnelt der klassischen Marmelade, ist aber aromatischer und häufig leicht pikant. Chutney passt gut zu indischen Gerichten mit Reis, exotisch mariniertem Tofu, zu gegrilltem Seitan oder Gemüse. Ich esse es auch gerne anstelle von Marmelade auf Brot. Das hier ist mein Lieblingsrezept.

Zutaten

- *1,5 kg reife Tomaten*
- *100 g getrocknete Aprikosen, ungeschwefelt*
- *Ein daumengroßes Stück frischer Ingwer*
- *5 Knoblauchzehen*
- *1 kleine Chilischote (alternativ ½ TL Cayennepfeffer)*
- *250 g Zucker (ich verwende am liebsten braunen Zucker, das gibt dem ganzen eine leicht karamellige Note)*
- *300 ml Weißweinessig oder Obstessig*
- *1 EL Salz*

Zubereitung

1. Tomaten kreuzweise an der Unterseite einritzen und mit kochendem Wasser überbrühen. Eine Weile ruhen lassen, dann aus dem Wasser nehmen, die Haut abziehen, den Strunk entfernen und grob würfeln.
2. Aprikosen in feine Streifen schneiden, Knoblauch und Ingwer schälen und fein hacken. Übrigens: Wer sich beim Schälen von Ingwer häufig ärgert, sollte es mal mit einem kleinen Löffel probieren. Einfach die gewölbte Seite nach oben drehen und die Schale abschaben. Chilischote

waschen, bei Bedarf entkernen (mit Kernen wird das Chutney deutlich schärfer) und in feine Streifen schneiden.
3. Tomaten, Ingwer, Aprikosen, Chili und Knoblauch in einen großen Topf geben und vorsichtig erhitzen, bis die Tomaten Saft abgeben und alles zu einer homogenen Masse geworden ist. Zucker, Essig und Salz dazugeben und aufkochen.
4. Bei niedriger Hitze ca. 2 Stunden einkochen, bis das Chutney die Konsistenz von Marmelade hat. Bei Bedarf nachwürzen. Genau wie Marmelade in sterile Gläser füllen und diese auf den Kopf stellen, damit sie Vakuum ziehen können.

Klassische Guacamole

Eine der Allzweckwaffen der veganen Küche. Guacamole passt einfach immer! Als Dip zu Nachos oder Chips, als Brotaufstrich, Chilitopping, Bratkartoffelbegleiter und sogar lauwarm als Spaghettisoße. Leicht verdünnt gibt sie auch eine prima Salatsoße ab, unter anderem für unseren mexikanischen Reissalat.

Zutaten

- *1 große, reife Avocado (die Schale sollte sich mühelos, aber nicht zu tief eindrücken lassen)*
- *Saft von ½ Limette (oder Zitrone)*
- *1 Knoblauchzehe (optional)*
- *Chiliflocken nach Belieben*
- *Salz und Pfeffer*

Zubereitung

1. Avocado in der Mitte halbieren und den Kern entfernen. Möchte man die Guacamole aufbewahren, sollte man ihn wieder beigeben!
2. Fruchtfleisch aus der Avocado lösen und in einen hohen Behälter geben. Limettensaft hinzugeben und mit einem Stabmixer glatt pürieren. Knoblauch abziehen und hineinpressen. Mit Chili, Salz und Pfeffer abschmecken.

Tipp: Ich peppe meine Guacamole gerne mit Tomatenwürfeln oder Maiskörnern auf. Auch frischer Koriander macht sich hervorragend!

Baba Ganoush

Ein Klassiker der arabischen Küche. Super als Aufstrich, Dip oder Füllung in einer Pita-Tasche!

Zutaten
- *1 große Aubergine*
- *1-2 EL Tahini (Sesampaste aus dem Asialaden oder türkischen Supermarkt. Schmeckt auch solo großartig.)*
- *2 Knoblauchzehen*
- *2 EL frisch gepresster Zitronensaft*
- *½ TL gemahlener Kreuzkümmel*
- *1 EL Olivenöl*
- *Salz und Pfeffer*
- *Frische Petersilie zum Garnieren (optional)*

Zubereitung

1. Backofen auf höchste Grillstufe stellen. Aubergine halbieren und die Schale einstechen. Mit der Schnittfläche nach unten auf ein eingeöltes Backblech oder auf eingeölte Alufolie legen und in den Ofen schieben.
2. Aubergine backen, bis die Schale schwarz wird und Blasen wirft und sich das Fruchtfleisch auf eine Druckprobe hin weich anfühlt. Aus dem Ofen holen und abkühlen lassen. Nach dem Abkühlen lässt sich das Fruchtfleisch mit einem Löffel ganz leicht in eine Schale kratzen. Mit einer Gabel zu einem homogenen Mus verarbeiten.
3. Mit Tahini, gehacktem Knoblauch, Zitronensaft und Kreuzkümmel vermischen und mit Salz und Pfeffer abschmecken. Mit einem Löffel glatt streichen und leichte Rillen ziehen. Olivenöl in die Rillen träufeln und mit gehackter Petersilie garnieren.

Rote-Bete-Creme

Rote Bete und Meerrettich - das war eine Liebeshochzeit. In bestimmten Fällen macht ein saurer Apfel das Ganze perfekt, also fühlt euch frei! Diese Creme schmeckt als Brotaufstrich, macht aber auch aus schnöden Nudeln einen pinken Hingucker.
Man kann auch gekochte Kartoffeln aushöhlen, das Innere mit der Creme gründlich vermengen und das Ganze mit Bechamel im Ofen überbacken. Perfekt, wenn mal Eindruck geschunden werden muss!

Zutaten

- 200 g gekochte Rote Bete (vorgekocht oder selbst gekocht und geschält)
- 150 g fester Tofu
- Saft von ½ Limette
- 1-2 TL Tafelmeerrettich (darauf achten, dass keine Sahne enthalten ist)
- Pfeffer und Salz

Zubereitung

1. Die Rote Bete grob würfeln und in ein hohes Gefäß geben. Tofu darüber krümeln und Limettensaft hinzugeben.
2. Mit einem Pürierstab zu einer homogenen Creme verarbeiten, bei Bedarf etwas Wasser hinzu fügen. Meerrettich nach Geschmack unterziehen und mit Pfeffer und Salz abschmecken.

PFLANZENDRINKS, LIMOS UND MÜSLI

PFLANZENDRINKS

Pflanzendrinks bekommst du inzwischen überall, sogar Discounter haben häufig gleich mehrere Sorten. Am günstigen sind Soja- und Reisdrinks, für Nussdrinks zahlst du aber deutlich mehr. Du kannst dir deine Pflanzendrinks aber auch selber herstellen, und das ist keine große Kunst. Am einfachsten geht es natürlich, wenn du einen richtigen Pflanzendrinkbereiter benutzt wie den »Soyabella« oder den »Vegan Vital Star«, die vollautomatisch aus so ziemlich allem einen perfekten Drink herstellen können. Solche Geräte kosten allerdings auch recht viel Geld, sodass sich die Anschaffung nur lohnt, wenn du viele Pflanzendrinks trinkst. Den »Veggiefino« gibt es für ca. 50 Euro, hier benötigst du zusätzlich einen Pürierstab. Falls du einen Mixer hast, klappt die Herstellung ebenfalls sehr einfach, evtl. benötigst du noch ein feines Sieb oder einen Nussmilchbeutel, kannst aber auch einen Wäschebeutel oder einfach ein sauberes Geschirrtuch benutzen, um den beim Mixen evtl. entstehenden Trester aufzufangen. Deine Mindestaustattung sollte also aus einem Pürierstab und einem Küchentuch bestehen. Sonst benötigst du im Prinzip nichts - außer natürlich die Zutaten.

Sojadrink

Zutaten für 1 Liter Sojadrink

- *100 g Sojabohnen (gibt es im Bioladen oder Reformhaus)*
- *1 l Wasser*
- *Optional 2-3 EL Agavendicksaft, 2 Datteln oder Rohrzucker, 1 Prise Zimt oder Vanille*
- *1 Prise Salz*

Zubereitung

1. Sojabohnen über Nacht mit Wasser bedeckt quellen lassen. Am nächsten Tag die Sojabohnen durch ein Sieb abgießen und abspülen.

2. Mit 1/3 l Wasser pürieren und den Rest des Wassers in einem Topf erhitzen. Das Sojapüree hineingeben und bei mittlerer Hitze für ca. 15 Minuten köcheln lassen, immer wieder rühren.

3. Ein sauberes Geschirrtuch über ein Abtropfsieb legen, und dieses wiederum in eine größere Schüssel oder einen Topf stellen. Den abgekühlten Sojadrink vorsichtig hineingeben. Das Tuch zusammennehmen und leicht ausdrücken.

4. Nach Geschmack den Sojadrink mit Agavendicksaft oder Rohrzucker, Zimt oder Vanille süßen und salzen.

Mandelmilch

(und andere Sorten von Nussmilch, z. B. Hasel- oder Cashewmilch)

Zutaten für 1 Liter Mandelmilch

- *200 g ungeschälte Mandeln*
- *Optional 2-3 EL Agavendicksaft, 2 Datteln oder Rohrzucker, 1 Prise Zimt oder Vanille*
- *1 Prise Salz*

Zubereitung

1. Mandeln in einer Schüssel mit kaltem Wasser übergießen und über Nacht einweichen lassen.

2. Am nächsten Tag durch ein Sieb abgießen und abspülen. 1 l Wasser erhitzen (nicht kochen).

3. Mandeln mit dem Wasser in einen Mixer oder eine Küchenmaschine geben und zu einer feinen Mandelmilch pürieren. Anschließend wie bei der Zubereitung von Sojadrink verfahren (Schritte 3+4).

Tipp: Du kannst auf diese Weise jede andere Nussmilch herstellen. Wenn es ganz schnell gehen soll, kann auch einfach 1 l Wasser mit 1-2 EL Nussmus (z. B. weißes Mandelmus) und optional Süßungsmitteln zusammengemixt werden. Wenn du Nüsse benutzt, solltest du diese immer über Nacht in ausreichend Wasser einweichen lassen (die Nüsse sollten komplett bedeckt sein). Außerdem kannst du ganz nach Geschmack mit der Menge der Nüsse experimentieren - der eine mag den Drink kräftiger, der andere dünner.

Reisdrink

Zutaten für 1 Liter Reisdrink
- *1 l Wasser*
- *30 g Reis*
- *40 g Rohrzucker oder anderes Süßungsmittel*

Zubereitung
1. Alle Zutaten in einem Topf aufkochen und für 10 Minuten köcheln lassen.
2. Anschließend gut durchmixen und eventuell noch durch ein Sieb o.ä. geben.

Haferdrink

Zutaten für 1 Liter Haferdrink
- *100 g Hafer*
- *1 l Wasser*
- *1 Prise Salz*
- *Optional 2-3 EL Agavendicksaft, 2 Datteln oder Rohrzucker, 1 Prise Zimt oder Vanille*

1. Haferflocken mit warmen Wasser bedecken und für mindestens 20 Minuten einweichen lassen, gerne auch über Nacht. Anschließend in ein Küchensieb geben und gut abspülen.
2. Haferflocken, Wasser, Salz und weitere Zutaten nach Wunsch in einen Mixer geben (oder ein hohes Gefäß, falls ein Stabmixer benutzt wird) und für 1-2 Minuten durchmixen.

Durch ein Wäschenetz, Mulltuch o.ä. geben und leicht auspressen. Innerhalb von 3 Tagen aufbrauchen.

Das waren nur die bekanntesten Variationen, du wirst jede Menge andere im Internet finden, z.B. für Kokosdrink, Sesamdrink und vieles mehr.

Nicht nur Pflanzendrinks, sondern auch Pflanzensahne kannst du selber herstellen, z.B. Hafersahne oder Cashewsahne. Cashewkerne sind zudem Grundlage vieler veganer Käsekreationen. Sogar Sojajoghurt oder Kokosjoghurt kannst du selber herstellen, allerdings ist die Ersparnis nicht wirklich groß. Wer wirklich häufig Joghurt isst, kann sich die Anschaffung eines Joghurtzubereiters überlegen, z.B. des My.Yo (gibt es bei Pureraw.de für knapp 25 Euro). Du brauchst neben Sojamilch dann nur noch die passenden Joghurtkulturen und kannst dir über Nacht und ohne Strom ganz einfach Sojajoghurt herstellen.

LIMOS

Auch bei Getränken kannst du einiges sparen, wenn du dir selber erfrischende Limos oder Mate-Tee zubereitest. Und das ist ganz einfach.

Mate-Limo

Zutaten für 1 Liter
- 4 Teelöffel Mate-Tee (in jedem Teeladen erhältlich)
- 4 Teelöffel Rohrzucker
- 1/2 Zitrone (oder Limette)
- 1 l Wasser

Zubereitung
Tee in einem Liter heißem, nicht mehr kochendem Wasser rund 5 Minuten ziehen lassen. Anschließend die halbe Zitrone gründlich auspressen und den Saft zum Tee geben. Rohrzucker einrühren. Abkühlen lassen, und dann abgedeckt in den Kühlschrank stellen. Mit Eiswürfeln im Glas servieren.

Minz-Limo

Zutaten für 1 Liter
- 1-2 Stängel frische Minze
- Saft einer halben Zitrone
- Nach Geschmack optional 1-2 TL Agavendicksaft oder Rohrzucker
- 1 l kaltes Wasser
- 10-15 Eiswürfel

Zubereitung
Alle Zutaten im Mixer für 30 Sekunden pürieren und anschließend kaltstellen.

Ingwer-Limo

Zutaten für 1 Liter
- 1 EL frischer Ingwer, klein gehackt
- Saft einer halben Zitrone
- Nach Geschmack optional 1-2 TL Agavendicksaft oder Rohrzucker
- 1 l kaltes Wasser
- 10-15 Eiswürfel

Zubereitung
Alle Zutaten im Mixer für 30 Sekunden pürieren und anschließend kaltstellen.

Gurken-Limo

Zutaten für 1 Liter
- 1/3 Salatgurke, grob gewürfelt
- Saft einer halben Zitrone
- Nach Geschmack optional 1-2 TL Agavendicksaft oder Rohrzucker
- 1 l kaltes Wasser
- 10-15 Eiswürfel

Zubereitung
Alle Zutaten im Mixer für 30 Sekunden pürieren und anschließend kaltstellen.

DIY-MÜSLI

DIY-Knuspermüsli

Du kannst veganes Müsli im Supermarkt kaufen, oder es einfach ganz nach Geschmack selbst herstellen. Die Grundlage bilden immer supergünstige Haferflocken und etwas Sonnenblumenöl (oder Kokosöl) sowie ein Süßungsmittel. Den Rest kombinierst du munter nach Geschmack.

Die Grundlage:
- *500 g Haferflocken*
- *3 EL Sonnenblumenöl*
- *3 EL Agavendicksaft oder Apfeldicksaft*

Wähle jetzt ein paar weitere Zutaten aus:
- *Kürbiskerne*
- *Sonnenblumenkerne*
- *Kokosflocken*
- *Mandeln*
- *Pistazien*
- *Cashewkerne*
- *Leinsamen*
- *Sesam*
- *Rosinen*
- *Cranberrys*
- *Datteln*
- *Feigen (und weiteres Trockenobst nach Wahl)*
- *Gepuffter Amaranth/Reis/ Quinoa etc.*

Zubereitung
1. Alle Zutaten in einer großen Schüssel zusammenmischen. Etwas Wasser nach Gefühl hinzugeben, sodass die Masse etwas feuchter wird und zusammenhält.
2. Den Ofen auf 150 °C vorheizen. Die Masse auf ein mit Backpapier ausgelegtes Backblech verteilen.
3. Für 20-30 Minuten im Backofen lassen, zwischendurch immer wieder wenden bzw. durchrühren und auflockern. Pass auf, dass dein Müsli nicht zu braun wird!
4. Anschließend abkühlen lassen und in einer luftdichten Dose (Keksdose) aufbewahren. Hält sich wochenlang!

DIY-5-Minuten-Müsliriegel ohne Backen

Natürlich kannst du dir auch Müsliriegel selber machen. Im Laden sind sie doch in der Regel recht teuer oder total ungesund, weil in erster Linie Zutaten wie raffinierter Zucker enthalten sind.

Zutaten
- *200 g Haferflocken*
- *50 g Kürbiskerne*
- *30 g Rosinen*
- *100 g Erdnussbutter*
- *30 g Agavendicksaft*
- *1 Prise Meersalz*

Zubereitung

1. Haferflocken, Kürbiskerne und Rosinen in einer großen Schüssel vermengen.

2. Erdnussbutter, Agavendicksaft und Salz gut verquirlen und mit in die Schüssel geben. Alles mit feuchten Händen gut durchmischen. Falls die Masse nicht flüssig genug ist, etwas mehr Agavendicksaft hinzugeben.

3. Mischung in eine Backform o. ä. geben und gleichmäßig verteilen. Am besten die Backform vorher mit Frischhaltefolie ausschlagen, damit du anschließend die Masse besser entnehmen kannst.

4. Mindestens 3-4 Stunden im Kühlschrank belassen, anschließend entnehmen und in Riegel schneiden.

Auch dieses Rezept kannst du immer wieder variieren. Das Entscheidende ist, dass die Zutaten gut zusammenhalten, und da helfen Erdnussbutter oder Agavendicksaft (oder Ahornsirup). Als Grundlage nimmst du am besten Haferflocken, denn die sind günstig und gesund. Du wirst Unmengen weiterer Rezepte für selbstgemachte Müsliriegel im Internet finden.

WAS MAN NOCH WISSEN SOLLTE

Tofu marinieren

Marinierter Tofu schmeckt häufig wie eingeschlafene Füße mit ein bisschen Pep? Das Problem ist, dass Tofu zu viel Wasser enthält, um wirklich viel von der leckeren Marinade in sich aufnehmen zu können. Die Lösung? Tofu pressen! Zwar gibt es hierfür spezielle Tofu-Pressen, aber zwei Holzbretter, ein paar Bücher und Küchenrolle tun es auch. Einfach einen 200 g Block Tofu längs in 8 gleich große (das ist wichtig) Scheiben teilen. Mehrere Lagen Küchenpapier auf ein Brett legen und die Tofuscheiben darauf gleichmäßig ausbreiten. Das Ganze am besten neben der Spüle aufbauen und einen Teil des Küchenpapiers als Drainage in das Becken hängen lassen, damit das Wasser gut abfließen kann. Eine weitere Schicht Küchenrolle und ein weiteres Brett über dem Tofu ausbreiten und die Konstruktion beschweren, z. B. mit einem großen, mit Wasser gefüllten Topf. Nach ca. 1 Stunde ist der Tofu bereit, die Marinade aufzunehmen. Auch zum Braten und Panieren eignet sich der Tofu in diesem Zustand deutlich besser.

Marinaden erstellt man am Besten immer mit Öl, einem Säuerungsmittel, Kräutern und Gewürzen. Hier sind ein paar Kombinationen, die sich bei mir als besonders schmackhaft erwiesen haben, jeweils kräftig abgeschmeckt mit Pfeffer und Salz. Sie können ebenso als Marinade für Seitan oder Tempeh verwendet werden.

- *Olivenöl-Zitronensaft-Knoblauch-Rosmarin-Chili*
- *Sesamöl-Sojasoße-Chiliflocken-Ingwer-Knoblauch*
- *Olivenöl-Gemüsebrühe-Thymian-Orangensaft*
- *Mit Olivenöl gestrecktes Pesto*
- *Sojasoße-Rot- oder Weißwein-Salbei*

Panieren

Zum Panieren braucht man Milch und Eier? Falsch! Eigentlich braucht man nur Flüssigkeit, Stärke und Brösel.
1. In einem tiefen Teller ca. 150 ml Sojadrink (ungesüßt, zur Not tut es sogar Wasser) mit 1 EL Senf und ½ TL Speisestärke verquirlen, bis keine Klümpchen mehr zu sehen sind.
2. Dann die übliche »Panierstraße« aufbauen: ein flacher Teller mit Mehl, das Sojadrinkgemisch und ein flacher Teller mit Semmelbröseln. Interessant sind hier auch Kokos- oder Haferflocken, gemahlene Nüsse oder Mandeln oder Cornflakesbrösel. Es lohnt sich, auszuprobieren, was in der Pfanne besonders knusprig wird.
3. Zunächst wird das Paniergut in Mehl, dann in der Flüssigkeit und schließlich in den Bröseln gewendet. Diese am Besten mit den Händen leicht andrücken. Danach kann man z. B. die Schnitzel in heißem Fett ausbacken.

Seitan zubereiten

Seitan besteht aus reinem Weizengluten und schmeckt original nach Schuhsole, wenn man den Fehler macht, ihn entsprechend der Packungsangaben lediglich mit Wasser zuzubereiten. Auch das Verhältnis von Flüssigkeit zu Glutenpulver sollte man leicht korrigieren, sonst kann Seitan derart zäh und gummiartig werden, dass er vom Teller und durch die Küche springt. Ist alles schon vorgekommen. Und noch eines ist wichtig: Ist die Flüssigkeit einmal am Pulver, gibt es keinen Weg mehr zurück. Nachwürzen ist nicht möglich. Also muss man direkt im ersten Schritt genug Würze an die Sache bringen.

Meine Flüssigkeit besteht meist aus einem Mix aus kräftiger Gemüsebrühe, Tomatenmark, mittelscharfem Senf, Sojasoße, Tofu (für die Lockerheit) und etwas Olivenöl. Dem Glutenpulver mische ich Salz und Pfeffer, scharfes und geräuchertes Paprikapulver, Chili- und Hefeflocken und etwas Sojamehl unter. Erst, wenn beide Mischungen stehen, bringe ich sie zusammen.

Hier ein Beispielrezept, das aber nach Belieben abgewandelt werden kann:

Zutaten

- *250 g Seitanfix (Glutenpulver)*
- *1 TL getrockneter Majoran*
- *1 TL Paprikapulver edelsüß*
- *½ TL Salz*
- *2 EL Hefeflocken*
- *½ TL Paprikapulver, geräuchert*
- *Salz, Pfeffer und Chiliflocken, nach Belieben*
- *350 ml kräftige Gemüsebrühe*
- *200 g Räuchertofu (nicht zwingend, macht den Seitan aber lockerer und aromatischer)*
- *2-3 EL Sojasoße*
- *2 EL Tomatenmark*
- *2 EL Senf, mittelscharf*

Zubereitung

1. In einer Schüssel alle trockenen Zutaten gut vermischen. Die feuchten Zutaten (Gemüsebrühe, Tofu, Sojasoße, Tomatenmark und Senf) mit einem Pürierstab oder im Mixer pürieren. Danach die flüssigen und trockenen Zutaten gut miteinander verkneten, bis ein homogener, zäher Teig entsteht. Hier sind Muskelkraft und Fingerspitzengefühl gleichermaßen gefragt. Einfach wie Pizzateig behandeln!

2. Zu einer länglichen Wurst formen und in einem großen Topf mit Gemüsebrühe und Sojasoße gar ziehen lassen, bis er aufsteigt. Darauf achten, dass die Flüssigkeit nicht sprudelnd kocht, da der Seitan sonst auseinanderfallen kann. Alternativ kann er auch in Alufolie gepackt und bei 180 °C ca. 2 Stunden im Ofen gebacken werden. Das macht ihn etwas fester und zäher. Danach in beliebige Portionen schneiden und weiter verarbeiten. Schmeckt auch als Aufschnitt hervorragend!

Parmesan

Parmesan wird vor allem von den veganen Pasta-Junkies oftmals schmerzlich vermisst. Aber es gibt eine Lösung: Eine Mischung aus gemahlenen Mandeln, Hefeflocken und Salz ergibt einen wunderbaren Parmesan-Ersatz. Hierzu reichen die gemahlenen Mandeln aus der Backabteilung des Discounters völlig aus - wer es etwas feiner mag, nimmt bereits geschälte Mandeln, die er allerdings selbst noch mahlen muss.

Zutaten

- *100 g gemahlene Mandeln*
- *30 g Hefeflocken*
- *15 g Semmelbrösel*
- *1 Spritzer Zitronensaft*
- *1 TL Salz*

Zubereitung

1. Gemahlene Mandeln mit Semmelbrösel in einer Pfanne vorsichtig anrösten und mit Zitronensaft besprenkeln. So lange weiter rösten, bis die Flüssigkeit wieder verdampft ist.

2. Vom Herd nehmen und nach dem Abkühlen Salz und Hefeflocken untermischen. In einem luftdichten Glas aufbewahren.

REZEPTE NACH KATEGORIEN

GERICHTE MIT KARTOFFELN

Kartoffelrösti mit Apfelmus

Zutaten für 2 Portionen

- 600 g mehlig kochende Kartoffeln
- 1 Gemüsezwiebel
- Salz
- Schwarzer Pfeffer aus der Mühle
- Frisch geriebene Muskatnuss
- Neutrales Öl zum Anbraten (Raps- oder Sonnenblumenöl)
- 1 großes Glas Apfelmus

Zubereitung

1. Kartoffeln schälen und mit einer Küchenreibe grob reiben. Zwiebel abziehen, in der Mitte teilen und in feine Halbmonde schneiden.
2. Kartoffelraspel in ein sauberes Geschirrhandtuch geben und so fest wie möglich auspressen, damit möglichst viel Flüssigkeit entfernt wird. Anschließend die Zwiebeln unterheben und die Masse mit Salz, Pfeffer und Muskatnuss würzen.
3. Öl in einer beschichteten Pfanne heiß werden lassen. Die Hälfte der Masse mit einer Gabel möglichst fest auf den gesamten Pfannenboden drücken. Insgesamt sollte der Fladen aber nicht höher als 2 cm sein.
4. Rösti 5 Minuten braten, dann mithilfe eines leicht eingefetteten Tellers wenden (auf den Teller stürzen und dann von diesem wieder in die Pfanne gleiten lassen).
5. Weitere 5 Minuten braten und warm stellen. Den anderen Rösti genauso zubereiten und mit Apfelmus servieren.

Herzhaftes Kartoffelgulasch

Zutaten für 2 Portionen

- 5 große Kartoffeln (festkochend oder vorwiegend festkochend)
- 1 große, weiße Zwiebel
- 2 Paprikaschoten (eine rot, eine grün)
- 200 g braune Champignons
- 1 Knoblauchzehe
- 1 Pck. passierte Tomaten
- 1 EL Tomatenmark
- 1 Lorbeerblatt
- ½ EL Gemüsebrühe, instant
- 250 ml Rotwein, halbtrocken

- ½ TL Paprikapulver, edelsüß
- ½ TL Cayennepfeffer
- Schwarzer Pfeffer aus der Mühle
- Salz
- Neutrales Öl zum Anbraten

Zubereitung

1. Kartoffeln schälen und in möglichst gleich große Würfel schneiden. Paprika waschen und entkernen, in mundgerechte Stücke schneiden. Zwiebel und Knoblauch abziehen und fein hacken. Champignons putzen und in Viertel schneiden.

2. In einem großen Topf oder einer großen, beschichteten Pfanne Öl erhitzen. Zwiebeln und Knoblauch dünsten, bis sie glasig sind. Tomatenmark hinzugeben und gut in der Pfanne verteilen. Anschließend Champignons, Kartoffeln und Paprika hinzugeben und weitere 3-4 Minuten mitbraten. Mit Rotwein ablöschen und mit den passierten Tomaten aufgießen. Das Lorbeerblatt hinzugeben, die Instantbrühe unterrühren und mit Salz, Pfeffer, Paprika und Cayennepfeffer würzen. Hitze reduzieren und ohne Deckel ca. 15 Minuten köcheln lassen, bis die Kartoffeln gar sind.

3. Bei Bedarf anschließend mit Tomatenmark oder geschnittenen, frischen Tomaten andicken. Lorbeerblatt entfernen und evtl. mit Salz und Pfeffer abschmecken.

Cremige Kartoffel-Lauch-Suppe

Zutaten für 2 Portionen

- 300 g Kartoffeln (festkochend oder vorwiegend festkochend)
- 2 große Stangen Lauch
- 1 große, weiße Zwiebel
- 1 EL (vegane) Margarine
- 600 ml Wasser
- 1 EL Gemüsebrühe instant
- 50 ml ungesüßter Pflanzendrink oder Pflanzensahne
- Frischer Pfeffer aus der Mühle
- Salz
- Frisch geriebene Muskatnuss

Zubereitung

1. Kartoffeln schälen und fein würfeln (0,5 cm x 0,5 cm). Lauch waschen und in feine Ringe schneiden, Zwiebel abziehen und fein würfeln.

2. Margarine in einem großen Topf schmelzen lassen, Lauch und Zwiebeln hinzugeben und so lange dünsten, bis der Lauch in sich zusammengefallen ist. Kartoffeln hinzugeben und mit Wasser aufgießen. Wenn das Wasser kocht, Gemüsebrühe unterrühren und Hitze reduzieren. Mit halb geschlossenem Deckel ca. 15 Minuten köcheln lassen, bis die Kartoffeln gar sind.

3. Mit einem Kartoffelstampfer durch die Suppe gehen, bis eine gleichmäßige Konsistenz erreicht ist. Mit Pflanzendrink oder Pflanzensahne verfeinern und mit Pfeffer, Salz und Muskat abschmecken.

4. Schmeckt besonders gut mit einem Topping aus Röstzwiebeln!

Bayerischer Kartoffelsalat mit Essig und Öl

Zutaten 2-4 Portionen (Hauptgericht oder Beilage)

- 5 große Pellkartoffeln (idealerweise vom Vortag, festkochend)
- 1 weiße Zwiebel
- 2 EL Weißweinessig oder Balsamico bianco
- 1 EL Senf, mittelscharf, nach Möglichkeit körnig
- 1 EL neutrales Pflanzenöl
- 6 EL heiße Gemüsebrühe
- 1 TL Zucker
- Frischer Pfeffer aus der Mühle
- Salz
- ½ Bund Schnittlauch

Zubereitung

1. Kartoffeln pellen und in nicht zu dicke, mundgerechte Scheiben schneiden. Zwiebel abziehen und möglichst fein hacken.

2. Mit einem Schneebesen Essig, Öl, Senf, Gemüsebrühe, Zucker, Pfeffer und Salz verquirlen, bis sich der Zucker vollständig aufgelöst hat.

3. Kartoffeln und Zwiebeln in eine Schüssel geben und mit dem Dressing vermengen, bis alles gut benetzt ist. Mindestens zwei Stunden ziehen lassen

4. Schnittlauch waschen und in Röllchen schneiden und direkt vor dem Servieren unterziehen.

Kartoffel-Blumenkohl-Stampf

Zutaten für 2 Portionen

- 150 g Kartoffeln, festkochend
- 150 g Kartoffeln, mehlig kochend
- 300 g Blumenkohl
- 100 ml Sojadrink, ungesüßt
- 1 EL (vegane) Margarine
- Salz
- Schwarzer Pfeffer aus der Mühle
- Muskat

Zubereitung

1. Kartoffeln schälen und würfeln, Blumenkohl waschen und in Röschen teilen. Den Strunk bis auf das harte untere Ende ebenfalls würfeln. Blumenkohl und Kartoffeln in reichlich kochendem Salzwasser weich kochen; hierfür zunächst die Kartoffeln ins Wasser geben, nach 10 Minuten den Blumenkohl mit ins Kochwasser geben und das Ganze noch 5-10 Minuten weiter kochen, bis alles gar ist.

2. Sojadrink auf dem Herd oder in der Mikrowelle erhitzen.

3. Kartoffeln und Blumenkohl abgießen und mit einem Kartoffelstampfer zu einem homogenen Stampf verarbeiten. Warmen Sojadrink und Margarine dazugeben und mit einem Schneebesen unterrühren. Mit Salz, Pfeffer und Muskat abschmecken. Schmeckt besonders gut zu Kohlrabi-Zuckerschoten-Gemüse von S. 125.

Kartoffeln in Senf-Soße

Zutaten für 2 Portionen

- 500 g Kartoffeln, festkochend
- 1 EL (vegane) Margarine
- 1 Zwiebel
- 130 ml Sojadrink, ungesüßt (alternativ Haferdrink, aber kein Mandeldrink, sonst funktioniert es nicht)
- 130 ml Gemüsebrühe
- 100 ml Weißwein, halbtrocken
- 3 EL Senf, mittelscharf
- 1 EL Estragon, getrocknet
- Salz
- Frischer Pfeffer aus der Mühle
- Mehl

Zubereitung

1. Kartoffeln schälen, vierteln und in reichlich Salzwasser 20-25 Minuten gar kochen. In der Zwischenzeit die Soße zubereiten. Hierfür Zwiebel abziehen und in feine Würfel schneiden.

2. In einem kleinen Topf Margarine zum Schmelzen bringen und Zwiebeln darin glasig andünsten. Mehl mit darüber stäuben, unterrühren und kurz mit anschwitzen, dann mit Sojadrink und Gemüsebrühe ablöschen und kräftig mit dem Schneebesen umrühren. So lange weiter rühren, bis die Soße kocht. Beim Kochen wird sie sehr dick und wirft Blasen.

3. Wenn die ersten Blasen auftauchen, Wein unterrühren und die Hitze reduzieren. Anschließend Senf und Estragon unterrühren und mit Salz und Pfeffer abschmecken.

4. Kartoffeln abgießen und in der Soße schwenken.

Tipp: Mit körnigem Senf bekommt die Soße einen besonderen Biss. Aber unbedingt darauf achten, dass es sich um mittelscharfen Senf handelt.

GERICHTE MIT NUDELN

Klassischer Nudelsalat

Zutaten für 2-4 Portionen (Hauptgericht oder Beilage)

- 150 g Nudeln nach Wunsch
- 1 EL Öl
- 1 Portion Mayonnaise nach Grundrezept von S. 89
- 3 EL Sojajoghurt
- 200 g Champignons aus der Dose
- 200 g Erbsen aus der Dose
- 4 große Gewürzgurken
- 2 Frühlingszwiebeln
- ½ Räuchertofu, optional
- Salz
- ½ TL Paprikapulver, edelsüß
- schwarzer Pfeffer aus der Mühle

Zubereitung

1. Nudeln nach Packungsanweisung kochen, gut mit kaltem Wasser abspülen und abtropfen lassen. 1 EL Öl unter die Nudeln mischen, damit sie nicht zusammenkleben.

2. Mayonnaise nach dem Grundrezept von S. 89 zubereiten und mit dem Sojajoghurt vermischen. Mit Salz, Paprikapulver und Pfeffer abschmecken.

3. Gewürzgurken klein hacken und unter das Dressing ziehen. Frühlingszwiebeln putzen, waschen und mit Grün in kleine Röllchen schneiden. Nur die obersten Enden entsorgen.

4. Champignons und Erbsen gut abtropfen lassen und gemeinsam mit den Frühlingszwiebeln unter das Dressing heben. Auf Wunsch klein gewürfelten Räuchertofu hinzufügen. Zum Schluss die Nudeln untermischen und kaltstellen. Schmeckt am nächsten Tag fast noch besser.

Farfalle mit Kräuter-Lauchcreme

Zutaten für 2 Personen

- *200 g Farfalle (Richtwert: 100 g pro Person; bei großem Hunger Nudelmenge erhöhen)*
- *1 kleine Zwiebel*
- *1 kleine Lauchstange*
- *1 Pck. TK-Kräuter italienischer Art*
- *4 EL (vegane) Margarine*
- *125 ml Gemüsebrühe*
- *125 ml Pflanzendrink, ungesüßt (am besten Soja oder Hafer, keinen Mandel- oder Nussdrink)*
- *3 EL Mehl*
- *8 EL Hefeflocken*
- *1 EL Senf, mittelscharf*
- *Salz*
- *Frischer Pfeffer aus der Mühle*
- *Paprika rosenscharf*
- *Cayennepfeffer*
- *Knoblauchgranulat*

Zubereitung

1. Nudeln nach Packungsanweisung kochen. Zwiebel schälen und fein würfeln. Lauch putzen, waschen und in feine Ringe schneiden. Gemüsebrühe und Pflanzendrink mit einem Schneebesen vermischen. Schneebesen bereitlegen.

2. In einem kleinen Topf Margarine zum Schmelzen bringen, anschließend Lauch und Zwiebeln dazugeben und eine Weile dünsten, bis der Lauch in sich zusammengefallen ist. Mit Mehl bestäuben und kurz unter ständigem Rühren anschwitzen, bis es bräunt und leicht zusammen klumpt.

3. Nun das Gemisch aus Pflanzendrink und Gemüsebrühe hinzu geben und mit einem Schneebesen kräftig verrühren, bis alle Mehlklümpchen verschwunden sind. Unter weiterem Rühren aufkochen, dabei sollte die Masse merklich eindicken. Wenn das geschehen ist, Hitze herunter drehen, Senf, Kräuter und Hefeflocken unterziehen. Mit den Gewürzen abschmecken und auf Farfalle servieren.

One-Pot-Pasta – DAS Rezept für Eilige und Kochmuffel

Zutaten für 2 Portionen
- 200 g Spaghetti
- 200 g Cherry-Tomaten
- 1 Zwiebel
- 2 Knoblauchzehen
- 3 »Würfel« Blattspinat, TK
- ½ Topf frischer Basilikum
- 2 EL Tomatenmark
- 1 EL Oregano
- 1 EL Balsamico-Essig
- ½ kleine Chilischote
- 450 ml Wasser
- Salz und Pfeffer

Zubereitung
1. Die Spaghetti einmal in der Mitte durchbrechen, Zwiebel und Knoblauch schälen und in feine Scheiben schneiden, Tomaten und Basilikum waschen. Chili entkernen und fein hacken; wer es schärfer mag, kann die Kerne ebenfalls verwenden.
2. Nun alle Zutaten zusammen in einen großen Topf geben und mit geschlossenem Deckel aufkochen. Dann die Hitze reduzieren, den Deckel vom Topf nehmen und alles so lange kochen lassen, bis die Flüssigkeit komplett aufgesogen ist. Dabei gelegentlich umrühren.

Tipp: Man kann bei Bedarf im Topf auch noch weiteres klein geschnittenes Gemüse mitgaren, z. B. Zucchini oder Paprika.

Nudelsuppe wie bei Oma

Zutaten für 2 Portionen
- 100 g TK-Erbsen (fein)
- 100 g Möhren
- 100 g Knollensellerie
- 750 ml Gemüsebrühe
- 1 Lorbeerblatt
- 100 g Suppennudeln nach Wahl (Buchstaben-, Faden- oder Muschelnudeln)
- Salz
- Frischer Pfeffer aus der Mühle
- 1 Msp. Paprika edelsüß

Zubereitung
1. Möhren und Sellerie schälen und in feine, gleich große Würfel schneiden. Mit den Erbsen zusammen in einen Topf geben und mit Gemüsebrühe auffüllen und das Lorbeerblatt hinzugeben. Alles zusammen zum Kochen bringen.
2. Wenn die Suppe kocht, Gemüse prüfen: Es sollte noch leicht bissfest, aber nicht mehr zu roh sein. Dann die Suppennudeln dazugeben und nach Packungsanleitung weiter kochen. Wenn die Nudeln gar sind, Suppe mit den Gewürzen abschmecken. Lorbeerblatt entfernen und servieren.

Tipp: Sojawürfel eignen sich super als Fleischbällchenersatz in der Suppe. Am besten schmeckt es, wenn man die Würfel zuvor in einer Mischung aus Gemüsebrühe, Sojasoße und scharfem Paprika ziehen lässt, sie anschließend gut ausdrückt und in einer Pfanne scharf anbrät, bevor man sie zur Suppe gibt. Reicht die Zeit hierfür nicht, kann man die Würfel gemeinsam mit dem Gemüse in der Brühe kochen.

Spinat-Lasagne

Zutaten für 1 Auflaufform (ca. 5 Portionen)

- *12 15 Lasagneplatten*
- *1 Zwiebel*
- *2 Knoblauchzehen*
- *1 EL Olivenöl*
- *600 g Spinat, TK*
- *2 Dosen Tomaten, stückig*
- *Pfeffer, Salz, Muskat*
- *1 x Grundrezept Hefeschmelz (S. 92)*
- *1 x Grundrezept Bechamel (S. 92)*

Zubereitung

1. Ofen auf 180 °C vorheizen. Spinat auftauen lassen und gut auspressen. Zwiebel und Knoblauch schälen, würfeln und in Olivenöl anschwitzen. Spinat hinzugeben und mit anschwitzen. Tomaten hinzugeben und alles mit Salz, Pfeffer und Muskatnuss abschmecken.
2. Bechamel wie Hefeschmelz zubereiten, nur ohne Hefeflocken. In einer großen Auflaufform mit einer dünnen Schicht Soße beginnen, darauf Lasagneplatten stapeln. Dann ein Drittel der verbleibenden Spinat-Tomatensoße und die Hälfte der Bechamel geben. Erneut Platten auslegen, wieder ein Drittel der Spinat-Mischung und die zweite Hälfte

der Bechamel geben. Eine weitere Schicht Platten auslegen und den Rest der Spinat-Tomatensoße darauf verteilen. Hefeschmelz zubereiten und darüber geben.
3. Abdecken und in den Ofen geben. Nach 30 Minuten Abdeckung entfernen und noch weitere 20 Minuten fertig backen, bis der Hefeschmelz goldbraun ist.

Penne mit »Thunfisch«-Soße

Zutaten für 2 Personen

- *200 g Penne Rigate (bei großem Hunger etwas mehr)*
- *1 Blatt Nori-Alge*
- *50 g Sojaschnetzel (fein)*
- *1 TL Gemüsebrühe instant*
- *1 Zwiebel*
- *1 Knoblauchzehe*
- *1 EL Olivenöl*
- *1 Dose Tomaten (stückig)*
- *1 EL Tomatenmark (optional)*
- *3 EL schwarze Oliven, gehackt*
- *½ Glas Kapern*
- *Frischer Pfeffer aus der Mühle*
- *Salz*
- *Oregano*

Zubereitung

1. Nori-Blatt fein zupfen und mit Sojaschnetzeln und Gemüsebrühe in eine Schüssel geben. Mit heißem Wasser übergießen, gut umrühren und eine Weile ziehen lassen.
2. Nudeln nach Packungsanweisung kochen.

3. Zwiebel und Knoblauch abziehen und fein hacken. In einer tiefen Pfanne Olivenöl erhitzen und darin Zwiebeln und Knoblauch anschwitzen. Sojagranulat mit Nori in ein Sieb geben, gut ausdrücken und anschließend mit in die Pfanne geben. 1-2 Minuten anschwitzen. Das Granulat sollte seine Feuchtigkeit verlieren, aber nicht anbraten.

4. Dosentomaten, Kapern und Oliven unterrühren und mit Salz, Pfeffer und Oregano würzen. Sollte die Soße noch zu flüssig sein, Tomatenmark unterrühren. Auf Penne servieren.

Makkaroni-Bolognese-Auflauf

Zutaten für eine große Auflaufform (ca. 5 Portionen)

- 500 g Makkaroni
- 150 g Sojaschnetzel (fein)
- 2 TL Gemüsebrühe instant
- 1 EL Tomatenmark
- 2 EL Sojasoße
- 1 TL Paprikapulver rosenscharf
- 2 Dosen Tomaten (stückig)
- 1 Zwiebel
- 2 Knoblauchzehen
- 1 TL Oregano, getrocknet
- Salz
- Frisch gemahlener Pfeffer
- 2 EL Olivenöl
- 1 x Grundrezept Hefeschmelz von S. 92

Zubereitung

1. Ofen auf 200 °C vorheizen. Die Makkaroni halb so lange kochen, wie auf der Packung angegeben. Sie sollen wirklich noch bissfest sein. Abgießen, mit 1 EL Olivenöl vermengen und in eine große Auflaufform geben.

2. Sojaschnetzel zusammen mit Tomatenmark, Gemüsebrühe, Sojasoße und Paprikapulver in eine Schüssel geben und mit kochendem Wasser aufgießen. Ca. 15 Minuten ziehen lassen, danach gut ausdrücken.

3. Zwiebel und Knoblauchzehen schälen und fein hacken. In einer Pfanne den zweiten EL Olivenöl erhitzen, Zwiebel und Knoblauch anschwitzen und Sojaschnetzel dazugeben. Alles zusammen gut anbraten. Tomaten dazugeben, Flamme herunterstellen, mit Salz, Pfeffer und Oregano würzen und köcheln lassen, während der Hefeschmelz zubereitet wird.

4. Die Bolognese-Soße gut mit den Makkaroni vermengen, Hefeschmelz über den Auflauf geben und in den Ofen stellen.

5. Ca. 15-20 Minuten backen. Die Soße sollte blubbern und der Hefeschmelz eine goldbraune Kruste gebildet haben.

GERICHTE MIT REIS

Mexikanischer Reissalat

Zutaten für 2-4 Portionen (je nachdem, ob Hauptgericht oder Beilage)

- 150 g Reis
- 1 kleine Dose Mais
- 1 kleine Chilischote
- 1 reife Avocado
- 1 rote Paprika
- 1 Zwiebel
- 1 große Tomate
- 3 EL Olivenöl
- 1 TL Paprika rosenscharf
- 1 EL Zitronensaft
- 1 EL Sojasoße
- ½ TL Currypulver
- Salz
- Frischer Pfeffer aus der Mühle

Zubereitung

1. Reis nach Packungsanleitung gar kochen, mit kaltem Wasser abspülen und in einer großen Schüssel mit 1 EL Olivenöl vermengen.

2. Mais abtropfen lassen und mit in die Schüssel geben. Avocado in der Mitte durchschneiden und den Kern entfernen. Dann mit einem Messer vorsichtig ein Netzgitter in das Avocadofleisch schneiden und die Würfel mit einem Löffel aus der Schale lösen. Zum Reis geben. Paprika und Chili waschen, entkernen, würfeln und mit in die Schüssel geben.

3. Tomate waschen und in grobe Würfel schneiden. Mit 2 EL Olivenöl, Zitronensaft, Sojasoße und Gewürzen zu einem Dressing mixen (im Mixer oder mit einem Stabmixer) und über den Salat geben. Alternativ Guacamole von S. 95 mit Wasser verdünnen und über den Salat geben.

4. Am besten im Kühlschrank ein paar Stunden ziehen lassen.

Mediterrane Reispfanne

Dieses Reisgericht eignet sich besonders gut für den Reisrest im Kühlschrank, mit dem man nichts mehr anzufangen weiß. Hat man diesen zur Hand, steht das Essen in einer Viertelstunde auf dem Tisch.

Zutaten für 2 Personen

- 1 Tasse Basmatireis (oder Reis vom Vortag, 2 Tassen)
- 1 Dose Tomaten, stückig
- 1 kleine Zwiebel
- 1 Knoblauchzehe
- 125 ml Gemüsebrühe
- 1 Zucchini
- 1 Paprika nach Wahl
- 1 TL Rosmarin, getrocknet
- 3 EL Tomatenmark
- Olivenöl zum Anbraten
- Salz und Pfeffer

Zubereitung

1. Zwiebel und Knoblauch abziehen und würfeln. In einer großen Pfanne mit Olivenöl glasig dünsten. Den Reis dazugeben und kurz mitdünsten, bis auch er leicht glasig ist. Dann mit Gemüsebrühe und Tomaten aufgießen und den Reis ca. 15 Minuten gar kochen (hat man noch Reis vom Vortag, einfach Gemüsebrühe weglassen und nur Reis und Tomaten in die Pfanne geben. Das Gemüse direkt dazugeben).

2. Währenddessen Paprika und Zucchini waschen. Paprika entkernen. Beides zu gleich großen Würfeln verarbeiten. Wenn der Reis noch leicht bissfest ist, Gemüse dazugeben und bis zur gewünschten Bissfestigkeit garen. Rosmarin und Tomatenmark unterrühren und mit Salz und Pfeffer abschmecken.

Tipp: Gehört zu den Gerichten, die mit dem Aufwärmen besser und besser werden. Sollte doch mal ein Rest bleiben, der zu klein für eine ganze Mahlzeit ist, kann man diesen auch als Basis für eine Tomatensuppe nehmen. Mit passierten Tomaten aufgießen, nachwürzen und mit Kräutern aufpeppen.

Abwandlung: Wenn man die Zucchini durch 1 Tasse TK-Erbsen ersetzt und statt Rosmarin 3 EL Ajvar hinzugibt, erhält man einen Djuvec-Reis wie im Balkan-Restaurant! Die perfekte Beilage zu einem herzhaften Seitan-Schnitzel.

Gefüllte Paprikaschoten

Zutaten für 2-3 Portionen

- *3 Paprikaschoten nach Wahl*
- *100 g Reis*
- *2 Zwiebeln*
- *350 ml Gemüsebrühe*
- *150 g Naturtofu*
- *Etwas Zitronensaft*
- *Paprika rosenscharf*
- *½ TL Thymian*
- *1 TL Senf*
- *Salz und Pfeffer*
- *Hefeschmelz (nach S. 92)*
- *Öl zum Anbraten*

Zubereitung

1. Zwiebeln abziehen, fein würfeln und in einem hohen Topf in etwas Öl anschwitzen. Reis hinzugeben und kurz mit anschwitzen. Mit Gemüsebrühe aufgießen und Reis darin garen.

2. Tofu zerkrümeln und mit Zitronensaft, Salz und Pfeffer würzen und beiseite stellen.

3. Backofen auf 200 °C vorheizen, Paprika waschen, halbieren und entkernen. Ist der Reis fertig gegart, Tofu, Paprikagewürzpulver, Thymian und Senf unterheben und mit den Gewürzen ggf. abschmecken.

4. Eine Auflaufform einfetten und mit Paprikahälften darin verteilen. Mit der Reismischung füllen und mit Hefeschmelz überziehen. Ca. 20 Minuten im Ofen backen. Dazu passt die Tomatensoße von S. 91.

Möhren-Reis-Eintopf

Zutaten für 2-3 Portionen

- *200 g Möhren*
- *70 g Reis (hier ist jede Reissorte geeignet)*
- *2-3 Stangen Porree*
- *1 Liter Gemüsebrühe*
- *1 TL Thymian, getrocknet*
- *3-4 EL Hefeflocken*
- *Pfeffer, Salz, frisch geriebene Muskatnuss*
- *1 EL (vegane) Margarine (oder neutrales Pflanzenöl)*

Zubereitung

1. Möhren putzen und in Würfel oder Scheiben schneiden (falls Möhrengrün vorhanden ist: Nicht wegwerfen!). Porree putzen, waschen und in feine Ringe schneiden. Margarine schmelzen und Porree anschwitzen.

2. Möhren und Reis dazugeben und kurz mit andünsten, bis der Reis leicht glasig wird. Mit Gemüsebrühe aufgießen, Deckel auf den Topf legen und zum Kochen bringen. Anschließend Hitze reduzieren und alles ca. 15 Minuten köcheln lassen, bis Reis und Möhren gar sind.

3. Thymian und Hefeflocken einrühren, mit Salz, Pfeffer und Muskat abschmecken. Falls vorhanden, das Möhrengrün waschen, hacken und dazugeben (Menge nach Belieben).

Tipp: In dieser Suppe macht sich auch gewürfelter Räuchertofu und/oder ein Schuss Pflanzensahne hervorragend.

Süßer Reisauflauf

Zutaten für eine kleine Auflaufform (2-4 Portionen, je nach Hunger)

- *125 g Milchreis (oder ein anderer Rundkorn-Reis)*
- *500 ml Pflanzendrink Vanille (Soja- oder Haferdrink eignen sich am besten)*
- *20 g (vegane) Margarine*
- *60 g Zucker*
- *2 gehäufte EL Mehl*
- *1 Prise Salz*
- *Abrieb von 1 Orange*
- *Optional 3-4 EL Rosinen*

Zubereitung

1. Pflanzendrink unter leichtem Rühren aufkochen lassen und Milchreis hinzufügen, von der Herdplatte nehmen, Mehl mithilfe eines Schneebesens unterrühren und die Masse abkühlen lassen. Rosinen unterziehen, falls gewünscht.

2. In einer zweiten Rührschüssel Margarine cremig rühren, Zucker, Orangenabrieb und eine Prise Salz hinzufügen und weiter cremig rühren. Ofen auf 160 °C vorheizen, Auflaufform mit etwas Margarine einfetten. Der leicht abgekühlte Milchreis (Reis nur etwas aufgequollen) mit der aufgeschlagenen Margarine verrühren, alles in die Auflaufform umfüllen und in den Ofen geben.

3. Nach ca. 40 min. ist der Reisauflauf fertig, wenn er ganz leicht gebräunt ist.

Tipp: Besonders lecker wird der Auflauf, wenn man nach 30 Minuten eine Schicht aus Zucker über die Oberfläche streut. Auch eine Mischung aus Zucker und Haferflocken macht sich hier hervorragend. Der Auflauf lässt sich wunderbar durch z. B. Kirschen, Äpfel oder Aprikosen erweitern.

GERICHTE MIT HÜLSENFRÜCHTEN

Chana Masala

Zutaten für 2 Portionen

- *1 Dose Kichererbsen (Abtropfgewicht ca. 240 g)*
- *1 Dose Tomaten, stückig*
- *1 Zwiebel*
- *neutrales Pflanzenöl zum Anbraten*
- *3 große Tomaten*
- *3 Knoblauchzehen*
- *1 daumengroßes Stück Ingwer*
- *2 EL Garam Masala (oder mehr, nach Geschmack)*
- *1 EL Currypulver*
- *1 TL Kreuzkümmel*
- *1 Chilischote*
- *Salz und Cayennepfeffer zum Abschmecken*

Zubereitung

1. Zwiebel und Knoblauch abziehen und fein hacken, Ingwer schälen und ebenfalls fein hacken. Kichererbsen abspülen und abtropfen lassen, Tomaten schälen und grob hacken.

2. In einem großen Topf Öl erhitzen und Zwiebel, Knoblauch und Ingwer darin anschwitzen. Garam Masala, Currypulver und Kreuzkümmel dazugeben und alles unter ständigem Rühren erhitzen, bis die ganze Küche nach indischem Essen riecht. Mit Dosentomaten aufgießen und kurz aufkochen.

3. Chili waschen und je nach gewünschtem Schärfegrad mit oder ohne Kerne in Streifen schneiden und in den Topf geben. Kichererbsen unterrühren und Hitze reduzieren. Ca. 10 Minuten einkochen. Mit Salz, Pfeffer und evtl. den anderen Gewürzen abschmecken und mit Reis oder Fladenbrot servieren.

Kalte Erbsen-Gurkensuppe mit Dill

Zutaten für 4 Portionen

- 500 g Sojajoghurt Natur (ungesüßt)
- ½ Salatgurke
- 1 Zwiebel
- etwas neutrales Pflanzenöl
- 200 ml Gemüsebrühe
- 500 g Erbsen, TK
- Salz und Cayennepfeffer
- 1 Bund frischer Dill (oder ein Päckchen TK)

Zubereitung

Diese Suppe bereitet man am besten in zwei Schritten zu, zwischen denen ca. 1 Stunde Zeit liegt.

1. Zwiebel abziehen und fein hacken. In einer großen Pfanne mit etwas Pflanzenöl andünsten und mit Gemüsebrühe aufgießen. Die tiefgefrorenen Erbsen hinzugeben und behutsam auftauen lassen. Sie sollen noch knackig und grün sein. Vom Herd nehmen und in einer Schüssel abkühlen lassen. Dill waschen und trocknen.
2. Gurke entkernen und grob würfeln. Zusammen mit Erbsen und Sojajoghurt pürieren. Bei Bedarf noch etwas Wasser zugeben. Mit Salz und Cayennepfeffer würzen. Dill hacken und unter die Suppe ziehen.

Mexikanische Bohnen-Paste

Zutaten für 1 Schale oder ein großes Glas

- 1 Dose schwarze Bohnen (oder Kidneybohnen, ca. 240 g Abtropfgewicht)
- 1 Zwiebel
- 3 Knoblauchzehen
- 2 EL Zitronensaft
- Salz und Pfeffer
- 1 EL neutrales Pflanzenöl
- 1 Prise Cayennepfeffer (optional)

Zubereitung

1. Zwiebel und Knoblauch abziehen und fein hacken. Öl in einer großen Pfanne erhitzen, Zwiebel und Knoblauch darin anschwitzen. Bohnen und 2-3 EL Wasser dazugeben. Hitze reduzieren und das Ganze köcheln lassen, bis eine breiige Masse entstanden ist.
2. In der Küchenmaschine oder mit einem Pürierstab pürieren und mit Zitronensaft, Salz, Pfeffer und evtl. Cayennepfeffer abschmecken.

Tipp: Es muss nicht immer Hummus sein! Diese Bohnenpaste schmeckt hervorragend, auch ohne das recht teure, für echten Hummus unabdingbare Tahini. Nehmt es zum Dippen für Gemüse und Tacos, als Brotaufstrich oder als Grundpaste in Wraps.

Kichererbsensalat mit Stangensellerie und Apfel

Zutaten Für eine Schüssel (4-6 Portionen)

- 2 Dosen Kichererbsen (ca. 240 g Abtropfgewicht - oder falls verfügbar, eine große Dose)
- 1 fester, säuerlicher Apfel (z. B. Boskoop oder Cox)
- 3 Stangen Sellerie
- 1 kleine rote Paprika
- ½ Salatgurke
- 2 EL Olivenöl
- 1 EL Zitronensaft
- 1 TL Currypulver
- Salz, Pfeffer und Kreuzkümmel (oder Garam Masala)
- 1 Bund glatte Petersilie (oder 1 Pck Petersilie, TK)

Zubereitung

1. Kichererbsen abspülen und abtropfen lassen. Apfel, Gurke, Paprika und Sellerie waschen und in feine Würfel schneiden. Zusammen mit den Kichererbsen in eine Salatschüssel geben.

2. Aus Olivenöl, Zitronensaft und Currypulver mithilfe eines Schneebesens ein Dressing anrühren und über die Kichererbsenmischung geben. Mit Salz, Pfeffer und Cumin abschmecken. Petersilie waschen, trocknen und hacken. Unter den Salat heben.

3. Abdecken und mindestens 1 Stunde im Kühlschrank ziehen lassen. Schmeckt besonders gut zu Pita-Brot.

Waldorfsalat mit cremigem Linsen-Dressing

Zutaten für 4 Portionen

- 250 g Knollensellerie
- 250 g Äpfel (am besten Boskoop)
- 100 g Walnusskerne (sind selbst gesammelt am günstigsten)
- 50 g Mayo (Grundrezept von Seite 89)
- 50 g gekochte Linsen aus dem Glas
- 2 EL Zitronensaft
- 1 TL Senf
- 2 EL Hefeflocken
- Salz, Pfeffer aus der Mühle

Zubereitung

1. Äpfel und Sellerie schälen und fein raspeln. Mit 1 EL Zitronensaft mischen, damit das Gemüse nicht braun wird. Linsen, Mayo, den zweiten Löffel Zitronensaft und Senf in einem hohen Gefäß pürieren. Bei Bedarf vorsichtig Wasser hinzufügen, bis ein cremiges Dressing entstanden ist.

2. Hefeflocken unterziehen und mit Salz und Pfeffer abschmecken. Unter die Apfel-Sellerie-Mischung heben und Walnusskerne hinzufügen. Abdecken und mindestens eine Stunde, wenn möglich länger im Kühlschrank ziehen lassen.

Chili mit dreierlei Bohnen

Zutaten für einen großen Topf (Partygericht)

- *180 g Sojagranulat*
- *1 EL Gemüsebrühe instant*
- *2 EL Tomatenmark*
- *500 ml Gemüsebrühe*
- *etwas Öl zum Anbraten*
- *3-4 EL Sojasoße*
- *1 rote Paprikaschote*
- *1 große Zwiebel*
- *1 Dose Tomaten (stückig, 400 g)*
- *1 Dose Tomaten (passiert, 400 g)*
- *1 Dose Kidneybohnen (400 g)*
- *1 Dose Canelli-Bohnen (400 g)*
- *1 Dose grüne Bohnen (400 g)*
- *2 kleine rote Chilis*
- *Salz, Pfeffer, Paprikapulver rosenscharf, Cayennepfeffer*
- *Guacamole (nach S. 95)*

Zubereitung

1. Ein einer großen Schüssel Tomatenmark und Instantbrühe mit etwas Wasser glatt rühren, mit dem Sojagranulat vermengen und mit kochendem Wasser übergießen. Ca. 15 Minuten ziehen lassen. Anschließend in ein feines Sieb abgießen und gut ausdrücken.

2. Zwiebel abziehen und würfeln, Paprika waschen, putzen und ebenfalls würfeln. Dosenbohnen abgießen, abspülen und gut abtropfen lassen.

3. Chilis waschen und je nach Schärfewunsch entkernen oder nicht. In feine Streifen schneiden.

4. In einem großen Topf Öl erhitzen und Zwiebel anschwitzen. Hitze reduzieren, Sojagranulat dazugeben und anbraten. Sojasoße hinzugeben und so lange braten, bis sie von den Schnetzeln vollständig aufgenommen wurde. Anschließend Paprika dazugeben und kurz mit anbraten. Wenn einige Schnetzel am Topfboden haften bleiben, macht das nichts. Sie lösen sich beim Kochen wieder.

5. Mit Dosentomaten, Gemüsebrühe und passierten Tomaten aufgießen. Chilistreifen hinzu geben und alles zusammen aufkochen. Unter gelegentlichem Rühren 15-20 Minuten köcheln lassen, damit sich die Aromen entfalten können. Bohnen vorsichtig einrühren und mit den genannten Gewürzen abschmecken. Mit Guacamole servieren.

Tipp: Sollte wider Erwarten etwas von dem Chili übrig bleiben, so kann man es hervorragend weiter verwenden: Als erweiterte Hackfleischsoße in einer Lasagne, mit Salat und frischem Gemüse in einem Wrap oder, weiter eingekocht, als Dip für Taco-Chips.

GERICHTE MIT TEIG

Hefeteig herzhaft

Zutaten
- 500 g Mehl (Typ 405, wichtig!)
- 300 ml lauwarmes Wasser
- ½ Würfel frische Hefe
- 2 TL Salz
- ½ TL Zucker

Zubereitung
1. Mehl durch ein feines Sieb in eine Schüssel sieben (wichtig, der Teig geht dann besser auf!) und mit dem Salz vermengen. Hefe in warmem Wasser auflösen und Zucker unterrühren. Der Zucker ist wichtig, um die Hefe zu aktivieren - am besten einen Schneebesen zu Hilfe nehmen, damit keine Hefereste zurückbleiben.
2. Im Mehl eine große Mulde formen und dort das Hefe-Wasser-Gemisch hinein schütten. Kneten, bis die Hände abfallen - mindestens aber so lange, bis kein Teig bzw. Mehl mehr am Schüsselrand kleben bleibt. Mit einem feuchten Tuch abdecken und an einem warmen Ort mindestens 2 Stunden gehen lassen. Anschließend weiter verarbeiten.

Tipp: Dieser Teig ist ein wahrer Alleskönner. Er kann direkt mit Tomatensoße und Hefeschmelz aus den Grundrezepten zu Pizza verarbeitet werden, mit getrockneten Kräutern oder Röstzwiebeln zu Kräuter- bzw. Zwiebelbrot und er macht auch als Quiche-Teig keine schlechte Figur. Wer gerne auf Vorrat arbeitet, kann den Teig auch auf Backpapier ausrollen und dieses wiederum zu einer engen Rolle zusammenrollen. So hat man fertig ausgerollten Pizzateig zur Hand, der sich gut verschlossen im Kühlschrank bis zu zwei Tagen hält und sogar eingefroren werden kann.

Hefeteig süß

Zutaten
- 500 g Mehl (Typ 405)
- 100 g Zucker
- 50 g vegane Margarine
- 1 Prise Salz
- 1 Päckchen frische Hefe
- 250 ml lauwarmes Wasser oder Pflanzendrink

Zubereitung
1. Margarine aus dem Kühlschrank holen. Mehl in eine Schüssel geben und eine Mulde bilden. Hefe in lauwarmem Wasser oder Pflanzenmilch auflösen. Zucker in die Mulde geben, Hefegemisch darauf schütten und mit Mehl bedecken. Abdecken und 15 Minuten an einem warmen Ort gehen lassen.
2. Mit Salz und Margarine durchkneten. Weitere 30 Minuten gehen lassen und weiter verarbeiten.

3. Mit Rosinen, Schokotropfen oder mit Müsli vermischt zu Brötchen verarbeiten (reicht für ca. 12 Stück), einen Hefezopf formen oder als Teig für einen leckeren Pflaumen- oder Kirschblechkuchen verwenden.

Pfannkuchen

Zutaten für 6 Pfannkuchen
- *250 g Mehl*
- *500 ml Wasser (am besten Mineralwasser mit viel Kohlensäure, bei süßen Pfannkuchen kann auch Pflanzenmilch mit Vanillegeschmack verwendet werden)*
- *1 Prise Salz*
- *4 EL Zucker für süße Pfannkuchen*
- *(vegane) Margarine zum Ausbacken*

Zubereitung
1. Alle Zutaten mit einem Schneebesen in einer Schüssel glatt rühren und portionsweise in Margarine in einer heißen Pfanne ausbacken.
2. Herzhaft mit Pilz-Rahm-Soße oder Blattspinat und Bechamelsoße genießen oder süß mit Marmelade bestreichen. Wer gerne fluffige Pancakes mag, rührt ½ Päckchen Backpulver unter.

Tipp: Der Teig eignet sich auch hervorragend zum Ausbacken von z. B. Apfelscheiben. Hierzu den Teig mit Zucker, Pflanzenmilch und Backpulver zubereiten. Apfel entkernen, schälen und in Ringe schneiden. Ringe leicht in Mehl wälzen, in den Pfannkuchenteig tauchen und in reichlich Margarine ausbacken. Mit Zucker und Zimt servieren.

Sauerteig-Brot

Zutaten für 2 große Brote
- *150 g flüssiger Sauerteig (gibt es auch fertig und sehr günstig zu kaufen, z. B. von Biovegan)*
- *500 g Weizenmehl*
- *500 g Roggenmehl*
- *2 Päckchen Trockenhefe (hier praktischer als frische Hefe)*
- *2 TL Salz*
- *1 TL Zucker*
- *750 ml lauwarmes Wasser*

Zubereitung
1. Roggen- und Weizenmehl miteinander vermischen und die Hälfte in einer großen Schüssel mit Hefe, Salz und Zucker vermengen. Wasser hinzugeben und zu einem glatten, sehr flüssigen Teig rühren. Sauerteig unterrühren und das restliche Mehl nach und nach untermischen.
2. Mit einem feuchten Tuch abdecken und an einem warmen Ort bis zur doppelten Größe gehen lassen. Dann kräftig durchkneten und zwei Brotlaibe formen. Diese noch einmal an einem warmen Ort gehen lassen, bis sie die doppelte Größe erreicht haben.
3. Mit einer Schale Wasser in den kalten Ofen schieben und diesen auf 200 °C stellen. Nach 15 Minuten Brotlaibe diagonal oder kreuzweise (je nach Form) einschneiden und weitere 45 Minuten fertig backen. Auf einem Gitter abkühlen lassen.

Muffins (Grundrezept)

Zutaten für 12 Muffins

- *200 ml Sojadrink (wichtig, kein anderer Pflanzendrink!)*
- *20 ml Apfelessig*
- *170 g Mehl*
- *2 TL Backpulver*
- *200 g Zucker*
- *½ TL Salz*
- *80 ml neutrales Pflanzenöl*

Zubereitung

1. Backofen auf 180 °C vorheizen und Muffinblech mit Papierförmchen auslegen oder einfetten. Sojamilch und Apfelessig vermischen und mindestens 10 Minuten beiseitestellen. Die Milch soll eine buttermilchartige Konsistenz annehmen (das klappt nur mit Sojamilch, weil nur diese genug Eiweiß enthält). Mit einer Gabel durchrühren.

2. Mehl in eine Schüssel sieben und mit Backpulver mischen. Mit Zucker, Salz, Öl und Essig-Sojadrink-Gemisch zu einem glatten Teig vermischen. Entweder so in den Ofen geben und ausbacken oder nach Lust und Laune variieren.

Ein paar Anregungen gefällig?

- Mit Sauerkirschen und Schokotropfen: Schwarzwälder-Kirsch-Muffin
- Mit Kakaopulver und Schokotropfen: Schokomuffin
- Mit Zitronenschale und Zitronen-Zuckerguss: Zitronenmuffin
- 70 Gramm des Mehls durch gemahlene Nüsse oder Mandeln ersetzen: Nussmuffins

Zusatztipp: Was mache ich mit altem Brot? Oft hat man harte Kanten Brot oder alte Brötchen zu Hause. Hier kommen einige Anregungen, was man daraus noch machen kann.

Croûtons

Zutaten für eine Schüssel

- *450 g altes Brot (Sorte egal)*
- *3 EL Olivenöl*
- *3 Knoblauchzehen*
- *2 EL Zitronensaft*
- *½ TL Salz*

Zubereitung

1. Backofen auf 180 °C vorheizen und ein Backblech mit Backpapier auslegen. Brot in mundgerechte Würfel schneiden. Knoblauch schälen und durch eine Knoblauchpresse in eine Schüssel pressen. Mit Öl, Zitronensaft und Salz vermischen.

2. Dann die Brotwürfel darin wenden, bis alles gut benetzt ist. In einer Schicht auf dem Backblech verteilen und ca. 30 Minuten im Ofen backen. Dabei gelegentlich durchrühren. Abkühlen lassen und auf Salat, Nudeln oder Suppen genießen.

Servietten-Knödel

Zutaten für 4 Personen

- 500 g alte Brötchen
- 4 EL Leinsamen, gemahlen
- 12 EL Wasser
- 600 ml Sojamilch (ungesüßt!)
- 140 g (vegane) Margarine
- 2 Zwiebeln
- 1 Bund glatte Petersilie
- Salz
- Muskat

Zubereitung

1. Gemahlene Leinsamen in einer Tasse mit Wasser vermischen und beiseitestellen. Brötchen in eine große Schüssel bröseln. Petersilie hacken, Zwiebeln abziehen und hacken. Beides zu den Brötchenstücken geben.

2. Sojamilch erhitzen, Margarine darin auflösen und mit Salz und Muskat würzen. Vom Herd nehmen, Leinsamengel einrühren und noch heiß über die Brötchenstücke geben. Mit einem Löffel alles behutsam zu einer Teigmasse verarbeiten.

3. Ein frisch gewaschenes Geschirrtuch anfeuchten und auf einem Tisch auslegen. Darauf mit dem Teig eine Wurst formen. Zusammenrollen und an beiden Enden zusammenbinden. Das Ganze sollte wie ein Bonbon aussehen. Diese Wurst noch einmal fest mit Alufolie umwickeln.

4. In heißem, nicht mehr kochenden Wasser ca. 1 Stunde ziehen lassen. Danach auswickeln und in Scheiben schneiden. Schmeckt gebraten mit Gemüse, mit Pilzrahmsoße oder (z. B. an Weihnachten) zu Rotkohl und dunkler Soße.

Arme Ritter

Zutaten für 4 Portionen

- 4 Brötchen vom Vortag (keine Roggenbrötchen)
- 200 ml Pflanzendrink (Soja- oder Hafer, gerne Vanillegeschmack)
- 1 Pck. Vanillezucker
- (vegane) Margarine zum Ausbacken

Zubereitung

1. Brötchen in der Mitte aufschneiden. Pflanzendrink mit Vanillezucker vermischen und Brötchen darin wenden, bis sie von allen Seiten gut getränkt sind.

2. In einer heißen Pfanne mit zerlassener Margarine ausbacken. Dabei eine Seite mit Zucker karamellisieren, falls gewünscht. Mit Marmelade, Vanillesoße (Grundrezept Seite 93) oder heißen Früchten genießen.

GEMÜSE ALS HAUPTDARSTELLER

Polentaschnitten aus dem Ofen

Zutaten für 1 Backblech

- *600 ml Gemüsebrühe*
- *150 g Polenta*
- *2 EL Olivenöl*
- *600 g mediterranes Gemüse (z. B. Paprika, Zucchini, Auberginen)*
- *2 große Fleischtomaten*
- *1 EL Balsamico-Essig (optional)*
- *1 kleines Glas schwarze Oliven,*
- *2 große Zwiebeln*
- *2 Knoblauchzehen*
- *Rosmarin, Thymian und Oregano (getrocknet)*
- *Salz und Pfeffer*

Zubereitung

1. Gemüsebrühe aufkochen und Polenta unter Rühren einrieseln lassen. Bei kleiner Hitze ca. 15 Minuten quellen lassen und dann vom Herd nehmen. Gemüse waschen und in feine Würfel schneiden, Tomaten waschen und ebenfalls fein würfeln. Zwiebel abziehen und Halbmonde schneiden, Knoblauch abziehen und fein würfeln. Oliven abtropfen lassen und in Ringe schneiden. Ofen auf 180 °C vorheizen.

2. In einer großen Pfanne Olivenöl erhitzen, Zwiebeln und Knoblauch darin anschwitzen, anschließend das Gemüse hinzugeben und dünsten. Tomaten dazugeben und alles zusammen noch so lange dünsten, bis die Tomaten leicht zerfallen sind. Kräuter dazugeben und mit Salz und Pfeffer würzen.

3. Ein Backblech mit Backpapier auslegen und die Ränder gut einfetten. Polenta mit einem Spatel oder Holzlöffel auf dem Blech verteilen und möglichst glatt streichen. Gemüse auf der Polenta verteilen und im Ofen ca. 20 Minuten backen, bis die Polenta goldbraun ist. Aufpassen, dass das Gemüse nicht verbrennt.

Tipp: Hierzu passt Mandelparmesan. Wer es knuspriger mag, kann diesen auch direkt auf dem Gemüse verteilen und mitbacken.

Französische Zwiebelsuppe

Zutaten für 4 Portionen

- 500 g Gemüsezwiebeln
- 2 Knoblauchzehen
- 40 g (vegane) Margarine
- 20 g Mehl
- ¼ l Weißwein (trocken oder halbtrocken)
- Salz, Pfeffer, Muskat
- 4 Handvoll Croûtons von Seite 125
- optional: geriebener veganer Käse
- Gemüsebrühe

Zubereitung

1. Zwiebeln abziehen und in feine Ringe schneiden, Knoblauch ebenfalls abziehen und würfeln. In einem großen Topf Margarine zum Schmelzen bringen, Zwiebeln und Knoblauch darin braten, bis alles glasig ist. Mehl darüber stäuben und ca. 3 Minuten unter Rühren kräftig anschwitzen.
2. Mit Weißwein und Brühe ablöschen, dabei beständig weiter rühren, vorzugsweise mit einem Schneebesen (ich weiß, die Zwiebeln bleiben darin hängen, aber glaubt mir: Das ist um Längen besser, als Mehlklumpen in der Suppe zu haben!).
3. 20 Minuten köcheln lassen und mit Salz, Pfeffer und Muskat abschmecken. Solltet Ihr veganen Käse zur Hand haben: Ofen auf 230 °C vorheizen und 4 feuerfeste Schüsseln bereitstellen.
4. Suppe in die Schüsseln füllen, Croûtons darauf verteilen und alles mit Käse bedecken. In den Ofen stellen, bis sich eine goldgelbe, leicht gebräunte Käsekruste gebildet hat.

Krautsalat

Zutaten für eine Schüssel (ca. 6 Portionen)

- 1 Weißkohl (oder ½ Weißkohl, ½ Rotkohl)
- 1 Zwiebel
- 1 Möhre
- 1 saurer Apfel
- Salz (abhängig von der Menge Kohl)
- 3 EL Apfelessig
- 2 EL neutrales Pflanzenöl
- etwas Zucker
- Salz und Pfeffer
- Optional: 1-2 TL Kümmel

Zubereitung

1. Kohl von den welken äußeren Blättern und dem Strunk befreien. Mit einem Küchenhobel in feine Streifen schneiden. Apfel, Möhre und Zwiebel ebenfalls schälen und in feine Streifen schneiden. Die Mischung salzen. Dabei rechnet man 1 TL pro 750 g Salat.
2. Salz mit den Händen gut einmassieren. Mehrere Stunden ziehen lassen, am besten über Nacht. Anschließend ausgetretenes Wasser abgießen.
3. Aus Essig, Öl, Zucker, Salz und Pfeffer ein Dressing anrühren und über den Salat geben. Optional noch Kümmel dazugeben. Ist nicht jedermanns Sache, fördert aber die Verdaulichkeit.

Tipp: Für einen asiatischen Kraut-salat einfach den Apfel durch eine Mango ersetzen und das Dressing aus geröstetem Sesamöl und Reisessig anrühren. Mit frischem Koriander verfeinern.

Kohlrabi-Zuckerschoten-Gemüse

Zutaten für 4 Beilagenportionen

- 2-3 kleine Kohlrabi
- 200 ml Gemüsebrühe
- 200 g Zuckerschoten (im Asialaden besonders günstig, kann auch durch grüne Bohnen oder Erbsen ersetzt werden)
- 1 x Bechamel nach Seite 94
- Schalenabrieb einer Biozitrone
- 1 Spritzer Zitronensaft
- Salz und Pfeffer
- 1 Msp. Cayennepfeffer

Zubereitung

1. Kohlrabi von Blättern befreien, schälen und grob würfeln. Dabei darauf achten, dass die holzigen Stellen entfernt werden. Zuckerschoten waschen und die Enden entfernen.
2. In einer flachen Pfanne mit Deckel Gemüsebrühe zum Kochen bringen, Hitze reduzieren und Kohlrabi hinein geben. Bei leicht geschlossenem Deckel 8 Minuten köcheln. Dann die Zuckerschoten dazugeben und weitere 8 Minuten mitgaren. Achtung: werden Bohnen verwendet, diese von Anfang an mit dem Kohlrabi garen!
3. Gemüse abgießen und mit eiskaltem Wasser abschrecken, damit die Farbe der Zuckerschoten erhalten bleibt. Die Bechamel nach Anweisung auf Seite 89 zubereiten und Gemüse dazugeben. Zitronenabrieb unterrühren und nach Bedarf mit Salz, Pfeffer und Zitronensaft abschmecken. Passt zu allen Kartoffelgerichten.

Gefüllte Rote Bete

Zutaten für 4 Portionen

- 4 große Rote Bete-Knollen
- 200 g Sojajoghurt, ungesüßt
- 200 g Tofu Natur
- 1 Knoblauchzehe
- 1 EL Tafelmeerrettich
- 1 TL Majoran
- frisch geriebene Muskatnuss
- 1-2 EL Zitronensaft
- Salz und Pfeffer

Zubereitung

1. Tofu auspressen und zerbröseln. Mit Salz, Zitronensaft und Knoblauch vermischen (der Geschmack sollte jetzt an Feta erinnern) und beiseitestellen.
2. In einem großen Topf Wasser zum Kochen bringen und die Rote Bete-Knollen darin garen. Das dauert je nach Größe der Knollen zwischen 20 und 40 Minuten. Wenn mehr Zeit da ist, die Knollen in Alufolie packen und bei 200 °C im Ofen garen. So bleiben sie aromatischer. Ansonsten jetzt den Backofen auf 200 °C vorheizen.
3. Knollen schälen und unteren Stand abschneiden. Knollen mit einem Löffel aushöhlen und in eine gefettete Auflaufform stellen. Das Innere der Knollen mit Sojajoghurt mit einem Pürierstab zu einer glatten Masse verarbeiten. Tofu, Meerrettich und Majoran unterheben und mit Muskat, Salz und Pfeffer abschmecken.
4. Die Knollen füllen und den Rest der Füllung über den Knollen verteilen. Ca. 30 Minuten im Ofen backen

(bis sich eine braune Kruste auf der Füllung gebildet hat).

Passt wunderbar zu Seitanschnitzel, Kartoffeln in Senfsoße oder einem frischen Salat.

Gerösteter Blumenkohl aus dem Ofen

Zutaten für 4 Beilagenportionen oder 2 Hauptspeisenportionen

- *1 Blumenkohl*
- *3 EL Olivenöl*
- *1 EL Zitronensaft*
- *1 TL grobkörniges Salz*
- *2 EL gemahlene Mandeln oder Haselnüsse*
- *½ TL Chiliflocken*
- *Pesto nach Rezept auf Seite 91*

Zubereitung

1. Backofen auf 220 °C vorheizen. Blumenkohl von Blättern befreien und in kleine Röschen teilen. Der Strunk kann ebenfalls gegessen werden: Das harte untere Ende abschneiden und den Strunk in kleine Stücke teilen.
2. Blumenkohl auf einem tiefen Backblech oder in einer großen feuerfesten Form verteilen. Er sollte möglichst nicht in Schichten liegen.
3. Aus Olivenöl, Zitronensaft, gemahlenen Mandeln, Salz und Chiliflocken ein Dressing anrühren und über den Blumenkohl geben.
4. Gut durchmischen und für 30 Minuten in den Ofen schieben. Gelegentlich wenden. Wenn der

Blumenkohl braune Stellen bekommt, ist das durchaus gewünscht. Mit Pesto servieren.

Karamellisierter Pfannenrosenkohl

Zutaten für 2 Personen

- *500 g Rosenkohl*
- *1 Zwiebel*
- *1 EL neutrales Pflanzenöl*
- *1 Knoblauchzehe*
- *2 EL brauner Zucker*
- *200 ml Gemüsebrühe*
- *Salz und Pfeffer*

Zubereitung

1. Rosenkohl von den welken, äußeren Blättern und dem Strunkansatz befreien. In Viertel, kleine Röschen in Hälften schneiden. Zwiebel schälen und fein würfeln, mit dem Knoblauch ebenso verfahren.
2. In einer großen Pfanne Öl erhitzen, Knoblauch und Zwiebel darin glasig dünsten. Rosenkohl mit in die Pfanne geben und scharf anbraten. Es dürfen sich ruhig braune Stellen bilden. Zucker über den Rosenkohl geben und die Röschen unter ständiger Bewegung karamellisieren lassen.
3. Mit Gemüsebrühe ablöschen und auf mittlere Hitze reduzieren. Garen, bis die Gemüsebrühe verdampft ist. Ab und zu umrühren. Mit Salz und Pfeffer abschmecken. Am Ende sollte eine herzhaft-süße Glasur auf dem Rosenkohl zurückbleiben. Schmeckt warm und kalt.

Pikanter Wassermelonensalat

Zutaten für 4 Portionen

- ½ Wassermelone (möglichst kernarm)
- 1 x Asia-Dressing von Seite 89
- 2 Handvoll Salatblätter
- 2 Frühlingszwiebeln
- 1 kleine rote Chili
- 1 Bund frischer Koriander

Zubereitung

1. Melone in kleine Stücke schneiden. Das geht am besten, wenn man die halbe Melone mit der Schnittfläche nach unten auf ein großes Schneidebrett legt und quer in halbkreisförmige Scheiben schneidet. So kann man das Fruchtfleisch ganz einfach von der Schale lösen und in Würfel schneiden. In eine Schüssel geben und stehen lassen, während der restliche Salat zubereitet wird.
2. Salatblätter verlesen, waschen und trocken schleudern, Koriander waschen, trocknen und grob hacken. Chili waschen und je nach gewünschtem Schärfegrad mit oder ohne Kerne in feine Streifen schneiden. Frühlingszwiebeln putzen und in feine Ringe schneiden. Dressing wie auf Seite 89 beschrieben zubereiten.
3. Ausgetretenen Fruchtsaft von den Melonen abgießen und dann alle Zutaten miteinander vermischen. Sofort verzehren.

Tipps: Weitere bei mir beliebte Komponenten in diesem Salat sind Reis- oder Sobanudeln, Cashewnüsse, Minze, Thai-Basilikum und Gurke. Die Kombination von herzhaften Aromen mit Wassermelone erscheint auf den ersten Blick merkwürdig, ist aber wirklich lecker. Einer meiner absoluten Lieblingssalate!

Orangen-Fenchel-Salat

Zutaten für 3-4 Portionen

- 2 Fenchelknollen (möglichst mit schönem Fenchelgrün)
- 3 Orangen (oder je nach Vorliebe 2 Orangen und eine Grapefruit)
- 3 EL Olivenöl
- 1 TL Agavendicksaft oder Zucker
- Salz
- 1 TL Rosa Pfefferbeeren (alternativ: Schwarzer Pfeffer aus der Mühle)

Zubereitung

1. Fenchelknollen säubern, vom Strunkansatz und dem Fenchelgrün befreien (Letzteres behalten). Mithilfe eines Küchenhobels in feine Streifen schneiden. Orangen filetieren und den Saft auffangen. Pfefferbeeren mit dem Mörser zerstoßen. Hat man keinen Mörser zur Hand, so kann man die Beeren auch in eine Gefriertüte geben und mit einem schweren Gegenstand, z. B. einer Weinflasche bearbeiten.
2. Aus Orangensaft, Öl, Agavendicksaft, rosa Pfeffer und Salz ein Dressing anrühren und über den Salat geben. Fenchelgrün waschen, trocknen und fein gehackt über den Salat geben. Mehrere Stunden im Kühlschrank ziehen lassen.

BONUSREZEPTE

Lin May - Berliner Künstlerin

Die Berliner Künstlerin Lin May beschäftigt sich in ihrer Kunst seit einigen Jahren mit dem Thema Tierbefreiung und vermittelt mit ihren Werken dem Betrachter ganz neue Blickwinkel auf das Thema. Sie hat nebenbei ein veganes Kochbuch geschrieben, das viele arabische Gerichte enthält, die nicht nur lecker, sondern auch günstig zu kochen sind. »Koshari« ist das Nationalgericht der »armen Leute« in Ägypten, und traditionellerweise vegan.

Koshari

Zutaten für 2 Personen

- 500 g gehäutete gehackte Tomaten
- 1 Tasse Basmatireis
- 1 Tasse gelbe Linsen
- ½ Teelöffel Koriandersamen ganz
- ½ Teelöffel Curcuma
- 2 Zwiebeln
- 1 Knoblauchzehe
- Olivenöl
- vegane Margarine
- Salz, Pfeffer
- 1 Hand gehackter frischer Dill

Zubereitung

1. Basmatireis und Linsen in einer Schüssel 4-5 mal in kaltem Wasser waschen, in etwas veganer Margarine in einer Kasserole unter Rühren leicht anbraten, bis der Reis zu duften beginnt.

2. 2 Tassen Wasser hinzufügen. Noch mal gut umrühren, sodass möglichst keine Körner am Boden des Topfes kleben, und den Topf abdecken.

3. Auf kleinster Flamme ca. 15 Minuten quellen lassen. Die Linsen sollen bei diesem Gericht nicht zerfallen, sondern eine ähnliche Konsistenz wie der Reis haben.

4. Den gegarten Linsen-Reis salzen und etwas vegane Margarine dazugeben, warm halten. Für die Soße eine Zwiebel in Würfel schneiden und braten. Tomaten und Gewürze hinzufügen und bei offener Pfanne ca. 10 Minuten garen.

5. Zweite Zwiebel in Ringe schneiden und separat in Öl anbraten. Linsenreis in eine kleine Schüssel pressen und auf den Teller stürzen. Tomatensoße drum herum gießen und die Zwiebelringe hinzufügen. Mit gehacktem Dill bestreuen und genießen.

Mehr über Lin und ihre Kunst erfährst du auf ihrer Internetseite www.linmay.de.

Daniel und Katrin
von bevegt.de

Wrap-Baukasten

Katrin und Daniel bloggen auf ihrem großartigen Blog bevegt.de nicht nur darüber, wie man als Veganer ein toller Sportler sein kann, sondern sie bieten auch immer wieder Rezepte für fixe Gerichte auf ihrem Blog. Da die beiden ihre Freizeit nicht ausschließlich in der Küche, sondern vor allem draußen beim Laufen verbringen wollen, sind ihre Gerichte simpel und schnell zubereitet. Eine ihrer Geheimwaffen sind Wraps, die man immer wieder wunderbar variieren kann: Du kombinierst einen Wrap (bzw. Tortillafladen), einen Aufstrich, die Füllung und Toppings nach Wahl. Tortillafladen kannst du fertig kaufen oder auch selber machen.

Tortillafladen mit Hummus oder anderem Aufstrich bestreichen, mit Füllung, Salat und Topping belegen, zusammenfalten, Servietten bereithalten und es sich schmecken lassen.

Viele wertvolle Infos zum Thema veganes Leben und Laufen findest auf Katrins und Daniels Blog www.bevegt.de.

Aufstrich	Salat	Füllung	Topping
klassischer Hummus oder Black Olive Hummus	Baby-Spinatsalat Feldsalat Asia-Mix-Salat	Zwiebeln kräftig anbraten, Paprika, Karotten und Kidneybohnen dazu, mit Salz und Pfeffer würzen	Avocado, in feine Scheiben geschnitten frische Kresse
Hummus mit gerösteten Karotten	Rucola Lollo bionda oder rosso	Knoblauch anbraten, Champignons und Paprika dazu, mit Chili und Salz würzen	Sprossen, am besten selbstgezogen
Knoblauch-Kräuter-»Quark« oder einen gekauften pflanzlichen Aufstrich (Rezepte für die Aufstriche auf www.bevegt.de/vegane-wraps)		Stangensellerie und Tomaten würfeln, roh	milde Pepperoni, in Stückchen geschnitten
		viel Zwiebeln, Räuchertofu und Paprika anbraten, mit Sojasoße ablöschen	
		Knoblauch, Rosenkohl und Räuchertofu anbraten, mit Sojasoße und Pfeffer würzen	
		Zucchini und Karotten würfeln, roh	

Das Spar-Weihnachtsmenü
von veggi.es

1. Gang:
Fruchtiger Rosenkohl-Radicchio-Salat mit gerösteten Haselnüssen

2. Gang:
Blumenkohl-Steaks mit Wurzelgemüsetatar & Nussparmesan

3. Gang:
Apfel-Waldbeeren-Crumble mit Zimt

Einer der bekanntesten Blogs in der veganen Szene ist **»Veggies« von Lea Green.** Sie hat inzwischen nicht nur viele Fans und Food Awards gewonnen, sondern 2015 mit »Vegan with love« auch ihr erstes ganz wunderbares veganes Kochbuch herausgebracht. Sie verzichtet gerne auf Ersatz- und Fertigprodukte, und setzt lieber auf Gemüse, besonders gerne auch auf Gemüsesorten, die allgemein nicht so bekannt sind. Lea zeigt auf ihrem Blog, wie unglaublich kreative Gemüseküche sein kann, und warum man ganz getrost auf Ersatzprodukte verzichten darf und sollte. Sie beweist außerdem mit ihrem Spar-Weihnachtsmenü, dass 4 Leute für insgesamt unter 20 Euro ein köstliches Weihnachtsmenü genießen können. Ihr Buch und unzählige Rezepte bekommst du auf veggi.es.

1. Gang
Fruchtiger Rosenkohl-Radicchio-Salat mit gerösteten Haselnüssen

Zutaten
- 400 g Rosenkohl
- 1 Radicchio, ca. 180 g
- 1 Kaki
- 1 Granatapfel
- 1 Orange
- 1 Zitrone bzw. 1-2 EL Zitronensaft
- 1 Päckchen Studentenfutter
- 1 Prise Zimt
- Salz
- Pfeffer
- Olivenöl
- Rosinen

Zubereitung
1. Dem Studentenfutter 20-25 Gramm Haselnüsse entnehmen und klein hacken, in einer Pfanne ohne Fett goldbraun anrösten. Auch eine kleine Hand voll Rosinen bereit legen.
2. Granatapfelkerne auslösen und etwa die Hälfte zur Verwendung bereitstellen. Die Orange auspressen. Die Hälfte des Safts für dieses Rezept verwenden, die zweite Hälfte brauchen wir für den Hauptgang. Den Radicchio-Salat gut waschen, den harten Strunk entfernen und die roten Blätter klein schneiden. Die Kaki waschen, die Blätter

2. Gang

Blumenkohl-Steaks mit Wurzelgemüsetatar und Nussparmesan

Zutaten
- 1 Blumenkohl
- 1 Knoblauchzehe
- 1 Bund oder Topf Petersilie
- 800 g Wurzelgemüse gemischt, darunter Karotten, Pastinaken, Rote Beete und Petersilienwurzeln
- 1 Zitrone bzw. 1 EL Zitronensaft
- Saft einer halben Orange (die Orange ist im Einkauf für die Vorspeise vorhanden)
- Paranüsse und Haselnüsse (aus dem Studentenfutter der Vorspeise)
- 1 Prise Zimt
- Salz
- Pfeffer
- Olivenöl

Zubereitung
1. Die Blätter des Blumenkohls vorsichtig entfernen, den Blumenkohl waschen und den Strunk gerade soweit einkürzen, dass der geschnittene Blumenkohl später noch gut zusammen hält.

2. Den Blumenkohl in etwa 1,5–2 cm dicke Scheiben schneiden. Restliche, kleine Kohlstücke für eine andere Verwendung aufbewahren.

3. Blumenkohl-Bäumchen mit einem feuchten Tuch abdecken. Den Ofen auf 180 °C Umluft vorheizen. Das Ofengitter in die unterste Stufe schieben und das Blech mit Backpapier belegen und bereitstellen.

entfernen und in kleine Würfel klein schneiden.

3. Rosenkohl von welken äußeren Blättern befreien. Anschließend die schönen Blättchen vom Strunk lösen und diesen ganz fein aufscheiden. Den Vorgang 2–3 Mal wiederholen. Der komplette Rosenkohl sollte in zarte Blättchen und fein geschnittene Strünke aufgeteilt sein.

4. Nun den zarten Rosenkohl mit dem Radicchio, den Granatapfelkernen und den den Kaki-Stückchen vermengen.

5. Aus 4 EL Olivenöl, etwas Salz, Pfeffer, dem Saft einer halben Orange, 1–2 EL Zitronensaft sowie einer Prise Zimt ein Dressing anrühren. Den Salat auf Schälchen aufteilen und mit dem Dressing begießen. Den Salat mit den gerösteten Haselnüssen und einigen Rosinen bestreuen und mit einer Prise Zimt bestäubt servieren.

4. Das Wurzelgemüse gut waschen, in ganz kleine Würfel schneiden und miteinander vermengen. Eine Knoblauchzehe abziehen und fein aufschneiden oder mit einer Knoblauchpresse zerdrücken. Den Knoblauch mit 4 EL Olivenöl vermischen. Das klein geschnittene Wurzelgemüse in eine Auflaufform geben, mit dem Knoblauchöl marinieren. Die Hälfte des restlichen Orangensafts (also einem Viertel - die erste Hälfte wurde in der Vorspeise verbraucht) untermengen und das Wurzelgemüse kräftig mit Salz und Pfeffer sowie einer Prise Zimt würzen.

5. Das Wurzelgemüse auf das Gitter im Ofen stellen (untere Schiene). Es muss insgesamt etwa 25-30 Minuten im Ofen schmoren. Der Blumenkohl wird später auf dem Blech 10 Minuten vor Schluss direkt darüber in den Ofen geschoben.

6. Während das Wurzelgemüse bereits im Ofen gart, die Blumenkohl-Steaks vorsichtig nacheinander in einer Pfanne mit heißem Öl von beiden Seiten etwa 2-3 Minuten braten, bis der Blumenkohl etwas Farbe annimmt. Die Blumenkohl-Steaks beim Braten auf beiden Seiten salzen und pfeffern. Die angebratenen Blumenkohl-Bäumchen auf das Backblech legen.

7. 10 Minuten vor Ende der Garzeit des Wurzelgemüses das Blech mit dem vorgebratenen Blumenkohl in eine Schiene über dem Wurzelgemüse geben. Die Blumenkohl-Steaks sollten etwa 10-12 Minuten im Ofen fertig garen, bis sie schön weich und knuspig braun an den Rändern sind.

8. Während das Wurzelgemüse und die Blumenkohl-Steaks im Ofen fertig garen, dem Studentenfutter die Paranüsse und nochmals etwa 1 EL Haselnüsse oder Cashewkerne entnehmen. Die Nüsse mit einem Messer klein hacken und mit einem Mörser zerstoßen. Die Petersilie waschen und bis auf einige Deko-Blätter ebenfalls klein hacken.

9. Jeweils ein großes und ein bis zwei kleine Blumenkohl-Steaks auf die Teller verteilen und mit etwas Zitronensaft beträufeln. Das Wurzelgemüse mit der gehackten Petersilie vermengen und mit dem restlichen Orangensaft vermischen. Dann das Wurzelgemüse auf die Blumenkohl-Steaks geben, etwas Nuss-Parmesan darüber streuen und die wunderbaren, gebratenen »Bäumchen« mit etwas Petersilie garniert servieren.

3. Gang

Apfel-Waldbeeren-Crumbles mit Zimt

Zutaten

- *140 g Mehl*
- *80 g (vegane) Margarine*
- *4 EL + 4 TL Zucker*
- *35 g Walnüsse und Mandeln aus dem Studentenfutter*
- *1 Päckchen Vanillezucker*
- *Zimt*
- *1 Apfel*
- *2 EL Zitronensaft*
- *1 Prise Salz*
- *150 g Tiefkühl-Waldbeeren*

Zubereitung

1. Das Mehl mit 4 EL Zucker, einem Päckchen Vanillezucker, 1-2 EL Zimt, einer Prise Salz und 80 Gramm Margarine in eine Schüssel geben und mit den Händen zu Streuseln verkneten. Die Streusel anschließend bis zur Verarbeitung im Kühlschrank kalt stellen.

2. 35 Gramm Mandeln und Walnüsse aus dem Studentenfutter heraussuchen und mit einem Messer klein hacken. Vier ofenfeste Förmchen mit Margarine ausstreichen und mit etwas Zimt bestäuben. Den Ofen auf 180 °C Umluft vorheizen.

3. Einen Apfel waschen, achteln, entkernen und in kleine Stücke schneiden. Die Apfelstücke auf die vier Förmchen verteilen, jeweils einen TL Zucker und etwas Zimt darüber geben und mit etwas Zitronensaft beträufeln.

4. Dann die gehackten Nüsse auf die vier Förmchen aufteilen. Nun in jede Form einige (tiefgekühlte) Waldbeeren geben.

5. Die Streusel auf die Portionen verteilen und noch ein paar Beeren in die Streusel drücken.

Die Crumbles brauchen bei 180 °C Umluft im Ofen 25 Minuten. Sie sind fertig, wenn sie schön braun werden und am Rand die Früchte sichtlich blubbern. Die Crumbles mit etwas Zucker bestreut und mit etwas Zimt bestäubt heiß servieren!

Wenn du die ganze Anleitung noch ausführlicher und mit Bildern haben möchtest, findest du diese hier: www.veggi.es/veganes-weihnachts-sparmenu

ANHANG

Im Folgenden findest du einige Internet-Links zu Seiten, Foren, Facebook-Gruppen usw., wo du viele weitere Infos, DIY-Anleitungen und Rezepte findest. Natürlich ist das hier nur eine kleine Starthilfe, du wirst zu dem Thema noch viel mehr im Internet entdecken.

Vegane Produkte im Supermarkt finden

- www.rezeptefuchs.de/vegane_produkte
- www.peta2.de/web/einkaufsguide.401.html
- www.nixwieveg.de
- www.tegut.com/aktuell/artikel/die-vegane-liste-ein-ueberblick-zu-veganen-produkten-im-tegut-markt.html
- www.supermarktcheck.de/vegane-lebensmittel/liste
- www.deutschlandistvegan.de/vegane-produkte-aus-dem-supermarkt
- www.diesparratgeber.de/no-name-suche

Angebote vergleichen

- www.kaufda.de
- www.meinprospekt.de
- www.superpreis.de
- www.discounter-produkte.de/tipps-geld-sparen-beim-einkaufen

Apps für die Einkaufsplanung

- Bring! (iPhone & Android)
- Wunderlist (alle Plattformen)
- Mein Budget
- Mein Haushaltsbuch
- Clear
- Buy me a pie!
- Any.do
- Mein Budget

Vegane Onlineshops

- www.hallo-vegan.de
- www.smilefood.de
- www.fooodz.de
- www.veganic.de
- www.alles-vegetarisch.de
- www.radixversand.de
- www.korodrogerie.de
- www.peta.de/bezugsquellen
- www.keimling.de

Foren & FB-Gruppen

- Vegane Kauftipps: www.facebook.com/groups/vegane.kauftipps
- Alternative vegane Tauschbörse: www.facebook.com/groups/841429189235590
- Low Budget vegan: www.facebook.com/groups/290385144397096
- Vegane Tauschbörse: www.facebook.com/groups/veganeTauschboerse
- Vegane Selbstversorger: www.facebook.com/groups/537096539769000
- Biovegane Selbstversorger: www.facebook.com/groups/VSelbstversorger
- DIY Naturprodukte Veggie: www.facebook.com/groups/398615856973193
- Vegan & günstig: www.facebook.com/groups/218957731614959
- Vegan - günstig & lecker: www.facebook.com/groups/481784048624918
- Vegan kochen - einfach, günstig und schnell - www.facebook.com/groups/177046649090354/
- Kauftipps für Veganer und Gemüsefans: www.facebook.com/groups/vegane.kauftipps
- Günstig vegan: www.facebook.com/groups/guenstigvegan
- www.vegetarierforum.com/threads/4032-Vegane-Mahlzeiten-1-Euro
- www.vegetarierforum.com/threads/4034-Vegane-Mahlzeiten-2-3-Euro

Tauschen statt kaufen

- www.raphaelfellmer.de/buch-gluecklich-ohne-geld
- www.tauschticket.de
- www.lets-share.de
- www.facebook.com/groups/veganeTauschboerse
- www.Kleiderkreisel.de
- www.kleiderkorb.de
- www.Klamottenbox.de

Rezepteblogs und Datenbanken mit günstigen Rezepten

- greenvegadine.wordpress.com/tag/low-budget
- www.chefkoch.de/rezeptsammlung/1435008/Vegan-und-guenstig.html
- www.gutekueche.at/vegane-billige-rezepte
- www.veganblatt.com/rezepte-unter-1
- www.laubfresser.de
- www.bevegt.de
- www.smarticular.net/vegane-brotaufstriche-selbst-gemacht-vielseitig-und-lecker
- www.rezeptefuchs.de
- www.veganwitch.de
- guenstigvegan.wordpress.com

Resteverwertung

- www.zugutfuerdietonne.de/was-kannst-du-dagegen-tun/besser-essen/rezepte-fuer-reste
- www.chefkoch.de/rezept-reste.php
- www.chefkoch.de/forum/1,7/Resteverwertung.html

Kosmetik & Kleidung

- www.kosmetik-vegan.de
- www.najoba.de
- www.nixwieveg.de
- www.freivonso.de/haushalt/haushaltsmittel
- www.schwatzkatz.com/naturkosmetik-zuhause-einfach-selber-machen
- www.rezeptefinden.de/s/vegane-kosmetik-selbst-herstellen.html
- www.meinekosmetik.de/rezepte
- www.veganblatt.com/vegane-modeshops
- www.kleiderkreisel.de
- www.greenality.de
- www.bleed-clothing.de
- www.avocadostore.de
- www.hansvurst.com
- www.miwai.de
- www.muso-koroni.com
- www.avesu.de
- www.rootsofcompassion.org
- www.zuendstoff-clothing.de
- www.mr-mrs-green.com
- www.fairbleiben.com
- www.gruenewiese-shop.de

Weitere Infos

- www.peta.de/hartz4
- www.peta2.de/de/einkaufsguide_brot.457.html
- www.nixwieveg.de
- www.peta2.de/naehrwerttabelle
- http://albert-schweitzer-stiftung.de/aktuell/guenstig-vegan
- www.smarticular.net
- www.experimentselbstversorgung.net
- https://ernte-teilen.org
- www.solidarische-landwirtschaft.org

KEINE LUST ZU TIPPEN?
QR-CODE SCANNEN!

Über den Autor

Patrick Bolk lebte als gebürtiger Niederrheiner viele Jahre in Berlin und startete dort 2008 zunächst mit dem Blog Berlin is(s)t Bio (www.berlinbio.de) und ab 2011 mit dem Blog Deutschland is(s)t vegan (www.deutschlandistvegan.de) in der Bloggerwelt, um seine Tipps für eine nachhaltige und vegane Lebensweise weiterzugeben. Beide Blogs erreichen einige Tausend Leser täglich. 2009 folgte das Buch zum Blog, »Berlin is(s)t Bio«, ein Reiseführer für Biorestaurants in Berlin. 2013 brachte Patrick Bolk einen Ratgeber zur veganen Lebensweise mit dem Titel »Ab heute vegan« im Ventil Verlag heraus, der sich großer Popularität erfreut und später auch als erstes veganes Hörbuch erschien. 2014 folgte das Kochbuch »So geht vegan!« 2015 ein weiteres Kochbuch mit dem Titel »Vegan im Job«, beide erschienen im Südwest Verlag.

Patrick wurde im April 2011 zum Veganer, nachdem er sich über mehrere Jahre mit dem Thema Ernährung beschäftigt hat. Bis zu seinem 30. Lebensjahr schaufelte er gedankenlos alles in sich hinein, was ihm in die Quere kam. Zum Glück brachte ihn seine damalige Freundin auf die Idee, sich mit dem Thema Ernährung zu beschäftigen. Irgendwann gab es für ihn keine Alternative mehr zu einer veganen Lebensweise. Patrick lebt seit dem Sommer 2015 mit seiner Frau Eva in Barcelona, wo er nun die vegane Szene erkundet und weiter Bücher schreibt. Weitere Infos über Patrick findest du auf www.patrickbolk.de

Danke!

An der Entstehung des Buches waren einige Menschen beteiligt, denen ich sehr danken möchte. Meiner Frau Eva, die mich in jeder Hinsicht wie üblich durch viel Kompetenz an Text und Kochtopf unterstützt hat. Jens Neumann vom Ventil Verlag für viele Ideen zum Buch und schöne Abende, die leider durch den Wegzug nach Barcelona nun wohl seltener werden. Joachim Hiller von »Kochen ohne Knochen« für Ideen und Lektorat. Oliver Schmitt vom Ventil Verlag für das wunderbare Cover und Layout. Und natürlich auch allen anderen im Ventil Verlag und bei »Kochen ohne Knochen« für ihren Support. Vielen Dank euch allen, ohne euch gäbe es dieses Buch nicht!

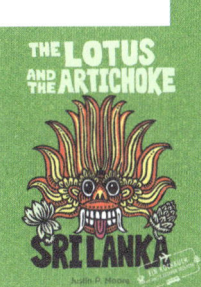